HISTOIRE DES ÉCOLES

COMMUNALES ET CONSISTORIALES ISRAÉLITES DE PARIS

(1809-1884)

PAR

LÉON KAHN

Secrétaire-adjoint du Consistoire israélite de Paris

SUIVIE D'UN APPENDICE

Contenant les NOMS DES MEMBRES DU COMITÉ DES ÉCOLES depuis la fondation des établissements scolaires, la liste des membres qui se sont succédé au CONSISTOIRE DE PARIS à compter de 1809, les noms d'un grand nombre d'ADMINISTRATEURS et de DAMES PATRONESSES ayant fait partie des établissements de charité et d'instruction de la Communauté depuis l'organisation du culte israélite en France, — et des notices sur l'ORIGINE DE TOUTES CES INSTITUTIONS,

AVEC UNE PRÉFACE DE

M. ZADOC KAHN

Grand Rabbin de Paris

PARIS
LIBRAIRIE A. DURLACHER
83 bis, RUE DE LAFAYETTE
1884

HISTOIRE DES ÉCOLES

COMMUNALES ET CONSISTORIALES ISRAÉLITES

DE PARIS

Extrait de l'*Annuaire de la Société des Études juives.*
Troisième année.

HISTOIRE DES ÉCOLES

COMMUNALES ET CONSISTORIALES ISRAÉLITES

DE PARIS

(1809-1884)

PAR

Léon KAHN

Secrétaire-adjoint du Consistoire israélite de Paris

SUIVIE D'UN APPENDICE

Contenant les NOMS DES MEMBRES DU COMITÉ DES ÉCOLES depuis la fondation des établissements scolaires, la liste des membres qui se sont succédé au CONSISTOIRE DE PARIS à compter de 1809, les noms d'un grand nombre d'ADMINISTRATEURS et de DAMES PATRONESSES ayant fait partie des établissements de charité et d'instruction de la Communauté depuis l'organisation du culte israélite en France, — et des notices sur l'ORIGINE DE TOUTES CES INSTITUTIONS.

AVEC UNE PRÉFACE DE

M. ZADOC KAHN

Grand Rabbin de Paris

PARIS
LIBRAIRIE A. DURLACHER
83 bis, RUE DE LAFAYETTE

1884

PRÉFACE

L'histoire de la Communauté israélite de Paris, dans les temps modernes, embrasse une période relativement très courte. Quoique cette Communauté soit de nos jours une des plus importantes de l'Europe par le chiffre de sa population et surtout par ses admirables institutions de charité, d'instruction et de culte, elle était encore dans l'enfance il y a un siècle à peine. On sait qu'elle ne comptait que quelques centaines d'âmes au moment où, par le vote de l'Assemblée constituante, en 1791, la « déclaration des droits de l'homme et du citoyen » devint une vérité pour tous les Français, sans distinction de confession religieuse ; et sa situation avait été trop précaire, ses ressources trop restreintes, pour créer et entretenir les organes nécessaires à un centre israélite.

Ce n'est qu'à partir de l'empire que la population israélite de Paris voit grossir ses rangs. En 1806, elle s'élève déjà au chiffre respectable de six mille âmes.

Dès ce moment, elle cherche à s'organiser; elle se préoccupe d'établir des lieux de prières dignes du culte, de venir en aide aux pauvres par des sociétés de secours et surtout de pourvoir à l'instruction de l'enfance. Ceux que leurs lumières, que leur situation sociale, leurs fonctions religieuses et administratives, placent à la tête de leurs coreligionnaires, comprennent à merveille les devoirs nouveaux commandés par un état de choses nouveau. Ils s'efforcent d'inspirer à la jeunesse des classes pauvres le sentiment de la dignité personnelle, de la rendre capable, par une sérieuse instruction élémentaire, de remplir les devoirs du citoyen et d'occuper, d'une façon honorable, sa place dans la société française. Les commencements comme toujours furent laborieux; il fallut bien des efforts et bien de la persévérance pour arriver à ouvrir une modeste petite école; mais l'élan une fois donné ne s'arrête plus. La population suit une progression continue, et en même temps qu'elle augmente, augmentent aussi les ressources pour donner satisfaction à ses besoins intellectuels et religieux. Chaque jour ajoute quelque chose à l'humble œuvre du début, et il est difficile de se défendre d'un sentiment d'admiration en même temps que de gratitude pour les travailleurs de la première œuvre aussi bien que pour leurs dignes continuateurs lorsque, comparant le point d'arrivée au point de départ, on mesure tout le chemin qui a été parcouru, et qu'on apprécie à leur vraie valeur les difficultés vaincues, les progrès accomplis et les résultats obtenus.

Jusqu'ici l'histoire des commencements de la Communauté israélite de Paris et de ses développements successifs n'avait pas été racontée avec méthode. Les *lettres juives* du regretté Albert Cohn, la *biographie d'Albert Cohn*, par M. Isidore Lœb contiennent seulement quelques indications, fort intéressantes d'ailleurs, à ce sujet. Il faut donc savoir gré à M. Léon Kahn de s'être mis bravement à la besogne. Dans les pages qui vont suivre, il nous présente un récit aussi complet qu'exact de la fondation et des destinées de la première école israélite de Paris et de celles qui sont venues successivement s'ajouter à elle. Placé, par ses fonctions de secrétaire adjoint du consistoire de Paris, à la source même des renseignements nécessaires à un pareil travail, il a pu, en se servant de documents authentiques, nous donner une histoire détaillée et vivante de nos écoles. Il nous permet d'assister, jour par jour pour ainsi dire, aux développements si remarquables de notre communauté. En le lisant, on se rappelle forcément cette parole du poète de la Bible : « Humbles » auront été tes commencements, mais grand sera » ton avenir. »

M. Léon Kahn, dans le cours de son récit mouvementé, a eu occasion de prononcer bien des noms propres. Plus d'un des lecteurs qui parcourront ces pages pourra saluer au passage un nom cher et vénéré. Ceux mêmes, qui, par leur origine, sont étrangers aux commencements de la Communauté de Paris ou qui y sont des nouveaux venus, ne pourront s'empêcher de rendre justice aux généreux efforts de leurs devanciers, aux sacrifices qu'ils se sont imposés et qui ont donné des fruits si remarquables.

M. Léon Kahn mérite donc tous nos remerciements pour le travail qu'il présente au public. Mais en même temps je me permets de lui adresser une invitation ou plutôt une prière. C'est qu'il veuille bien, au moyen des ressources dont il dispose, nous donner l'historique de tous les grands établissements qui ont élevé si haut la renommée de la

Communauté de Paris. Les hommes oublient vite; les faits mêmes dont on a été témoin oculaire, auxquels on a pris part, ne laissent dans l'esprit que des souvenirs vagues et à demi effacés. L'écrivain qui a le talent de les faire revivre sous nos yeux avec des couleurs animées et de les replacer sous leur vrai jour, leur prête tout l'attrait de la nouveauté, même s'il ne fait que réveiller des souvenirs. C'est ce qui fait que le récit d'événements presque contemporains offre au lecteur un si puissant intérêt. La présente histoire que nous donne M. Léon Kahn et celles qu'il nous donnera, j'espère, dans la suite, ne manqueront pas de provoquer un intérêt de ce genre.

Dans quelques années, la France tout entière célébrera un glorieux centenaire. Le judaïsme français et notamment la communauté israélite de Paris fêteront de leur côté l'origine séculaire de leurs nouvelles destinées. Exposer dans une série de monographies tout ce qui a été fait dans notre sein pendant cette période, pour les progrès du culte, de la charité et de l'instruction, n'est-ce pas élever un monument qui portera aux générations futures le témoignage de ce qu'il y a de fécond dans l'alliance de la liberté et de la justice avec la véritable piété et le sincère amour du bien? N'est-ce pas aussi en contemplant, dans une vue d'ensemble, tous les progrès accomplis par ces forces combinées, que nous et nos successeurs serons encouragés à poursuivre la voie si largement ouverte devant nous par ceux qui nous ont précédés, quoique leurs ressources aient été plus limitées que les nôtres et leurs moyens d'action moins puissants? C'est parce que les pages qu'on va lire offrent ce double enseignement, que je me suis fait un devoir et un plaisir de les présenter aux lecteurs par quelques paroles d'introduction.

ZADOC KAHN,
Grand-Rabbin.

HISTOIRE DES ÉCOLES

COMMUNALES ET CONSISTORIALES ISRAÉLITES

DE PARIS

(1809–1883)

I

LA PREMIÈRE ÉCOLE DE GARÇONS : RUE DES BILLETTES, RUE NEUVE-SAINT-LAURENT, RUE DES SINGES.

La Révolution avait émancipé les Israélites français; Napoléon Ier, poursuivant l'œuvre de l'Assemblée Constituante, organisa leur culte. Il sanctionna, par un décret du 17 mars 1808, les décisions doctrinales du Grand Sanhédrin et le règlement organique du culte mosaïque du 10 décembre 1806, et créa les Consistoires israélites. Les membres du Consistoire de Paris [1], nommés par décret en date du 13 avril 1809,

[1] Voir, à l'appendice, les différentes compositions du Consistoire de Paris depuis 1809.

furent installés officiellement, le 12 mai, par M. Frochot, Conseiller d'Etat, Préfet du département de la Seine [1], entre les mains duquel ils prêtèrent, sur la Bible, le serment prescrit par décret du 18 octobre 1808.

Le Consistoire porta, dès les premiers jours, son attention sur l'instruction des Israélites. Le 14 septembre 1809, il invita ceux de ses coreligionnaires de Paris qui avaient des enfants en pension, dans les lycées et écoles de l'Etat [2], à le lui faire connaître, ajoutant que ce serait lui permettre de les distinguer honorablement dans le rapport général qu'il devait adresser au gouvernement sur l'état et les occupations des Israélites dans la circonscription.

De son côté, le Consistoire central avait demandé, « depuis longtemps », l'établissement de séminaires, de facultés de théologie et d'écoles de « première instruction religieuse ». Mais des « entraves imprévues » empêchèrent qu'aucune suite fût donnée à cette requête [3], et ce n'est qu'en 1812 que le comte Bigot de Préameneu, ministre des cultes, fit connaître au Consistoire que « lorsqu'il n'y a que seize synagogues [4],

[1] Les bureaux du Consistoire étaient à cette époque rue « Meslée », n° 41.

[2] Quelques Israélites étaient sortis de l'Ecole polytechnique; Gustave Mardochée et Eugène Mardochée, fils de Elie Mardochée, étaient officiers d'artillerie. Mathias Mayer Daimbert, qui était parti volontairement pour l'armée d'Allemagne avec le grade de sous-lieutenant au 23e régiment de chasseurs à cheval, sortit de l'Ecole avec le n° 1. D'autres enfin se préparaient pour l'Ecole de Saint-Cyr.

[3] Lettre du 24 juin 1811 du Consistoire central au Consistoire de Paris.

[4] Treize de ces « synagogues » ou Circonscriptions consistoriales avaient été créées par décret en date du 11 décembre 1808. Leur siège était établi à Paris, Strasbourg, Wintzenheim, Mayence, Metz, Nancy, Trèves, Coblence, Crevelt, Bordeaux, Marseille, Turin et Casal. Les

lorsqu'il n'y a pas à présumer que le nombre total dans l'Empire s'élève à plus de vingt, il n'y a même pas d'apparence d'établir des séminaires pour le renouvellement d'un aussi petit nombre de ministres » ; il repoussait également la fondation de Facultés de théologie, et, avec le ton hautain qui caractérise l'administration du premier Empire, il lui enjoignait de ne s'occuper exclusivement que de l'instruction qui « concerne une classe d'enfants qu'il s'agit en quelque sorte de régénérer », et de faire donner par les rabbins « l'enseignement nécessaire à toutes les classes, la lecture, l'écriture et les éléments de calcul ». Pour lui, les rabbins n'avaient pas d'autre « utilité [1] ».

Au reçu de cette dépêche, le Consistoire central invita le Consistoire de Paris « à partager les sentiments de gratitude » dont il était « pénétré » pour « la bonté divine et la sollicitude paternelle » du gouvernement et il lança une proclamation où, avec le ton emphatique qui caractérise cette époque, il conviait tous les Israélites de l'Empire à laisser éclater « leur amour et leur reconnaissance envers Napoléon-le-Grand, le plus grand des héros, le plus sublime des législateurs ».

Le Consistoire de Paris s'occupa très activement de la création de ces écoles. Il fit par trois fois publier dans les temples de la rue Saint-Avoye, de la rue du Cimetière-Saint-André-des-Arts et de la rue du Chaume [2] la proclamation du Consistoire central, et il

trois autres furent instituées par décrets en date du 5 janvier et du 8 mars 1810 et établies à Rome, Florence et Livourne.

[1] Lettre du 4 janvier 1812 du Ministre des Cultes au Consistoire central.

[2] Trois synagogues venaient d'être fermées : celle de la rue Geoffroy-

demanda en même temps qu'on lui désignât « les sujets qui seraient propres à l'enseignement de la jeunesse ».

Il exprima le désir de connaître « l'état actuel de » l'éducation religieuse, les écoles qui sont ouvertes » pour cet objet, le nom et la demeure des maitres » qui les tiennent et la quantité d'élèves que chacun » d'eux peut avoir » ; enfin, il convoqua à l'une de ses séances MM. E. Prag, Jacob Cahen, Aron Cahen et Manassès Lyon, instituteurs primaires [1], auprès des-

Langevin, par arrêté du Consistoire en date du 24 août 1809, parce que la division s'y était introduite et qu'il devenait impossible d'y faire régner le bon ordre ; la synagogue de la rue des Petits-Champs-Saint-Martin et celle de la rue des Vieilles-Etuves furent fermées, par arrêté en date du 18 avril 1810, afin « d'apporter la plus stricte économie dans les frais que nécessite l'exercice du culte ». Le temple de la rue du Cimetière-Saint-André-des-Arts était affecté spécialement au rite portugais. C'est vers 1770 que les Congrégans de ce rite se réunirent d'abord dans une chambre de la maison qu'ils convertirent plus tard en oratoire; par arrêté consistorial en date du 14 mai 1830, ils furent autorisés à s'établir rue Neuve-Saint-Laurent, dans le local occupé jusque-là par l'école des garçons qui, à ce moment, fut transférée rue de Paradis. L'inauguration de l'oratoire portugais eut lieu en septembre 1830. Le 24 août 1830, ils avaient adressé une pétition au Consistoire par laquelle ils demandaient « la fusion en une seule des deux administrations des temples Allemand et Portugais ». En 1851, par suite de la reconstruction du temple de la rue Notre-Dame-de-Nazareth, ils durent abandonner ce local. Ils transférèrent leur oratoire rue Lamartine, n° 23, où ils restèrent jusqu'à l'ouverture de la synagogue qu'ils ont fait construire rue Buffault (3 septembre 1877).

[1] Nous manquons totalement de détails sur l'importance de ces établissements. Les seuls renseignements que nous ayons pu nous procurer sont puisés dans les *Lettres juives* d'Albert Cohn. Ils ne s'appuient sur aucun document authentique et, par cela même, ne doivent être accueillis qu'avec réserve : « Deux personnes eurent à cette époque (vers 1780) deux petites écoles de garçons dans lesquelles on apprenait à lire l'hébreu et à traduire un peu la Bible; l'une était dirigée par M. Aron Polonais, et l'autre par M. J. Cahen. Tous les deux, pendant la Terreur, conduisaient leurs enfants, les jours de décadi, au temple de la Raison (à l'église Notre-Dame). » Ces écoles étaient connues alors sous le nom de « Hedorim ».

quels il prit divers renseignements tant sur la nature de l'enseignement qu'ils donnaient dans leurs maisons que sur les autorisations en vertu desquelles ils tenaient leurs écoles.

Dans sa séance du 13 avril 1812, le Consistoire décida que l'école primaire qu'il se proposait d'établir à Paris serait placée sous la direction immédiate de la Société d'encouragement et de secours qu'il savait être animée, comme lui, du désir de contribuer à la régénération des Israélites [1]. Le Comité accepta cette mission avec empressement; il fit ouvrir pendant tout le mois de mai un registre destiné à recevoir l'inscription des jeunes gens de l'âge de 6 à 12 ans qui se destineraient à suivre cette école, et cinquante enfants s'y firent inscrire [2].

Les notables de la circonscription s'assemblèrent, le 11 novembre 1812, sur la convocation du Consistoire de Paris. Dans cette réunion, qui marque comme une étape de la communauté vers un avenir de progrès, l'établissement à Paris d'une école primaire gratuite fut décidée, et l'assemblée arrêta que les frais de cette institution seraient répartis sur la masse des contribuables israélites de la Seine et portés dans le budget général « comme objet de première nécessité [3] ».

[1] C'est du 13 décembre 1810 que date l'approbation donnée par le préfet du département de la Seine au règlement d'organisation d'une Société d'encouragement et de secours. Ce règlement supprimait les sept « Confrairies » ou sociétés mutuelles existantes pour établir sur une large base un comité devant aider et assister les indigents israélites de Paris.

[2] Nous en publions la liste à l'appendice.

[3] C'est sur l'invitation expresse du Ministre des Cultes que cette imposition fut adoptée. Le Consistoire pensait qu'il était préférable de recourir à une souscription volontaire afin de ne pas augmenter les

Par suite de difficultés politiques, sans doute, les tentatives du Consistoire en demeurèrent là jusqu'au mois de septembre 1818, époque à laquelle tous ces projets commencèrent à entrer dans la voie de l'exécution [1]. Le Consistoire nomma une commission composée de MM. le chevalier de Cologna, Emmanuel Deutz [2], le docteur Friedlander, Terquem et J. Rodrigues fils, et il lui confia la charge de présenter « les » moyens les plus convenables et les plus économiques » à l'effet d'établir à Paris une école primaire pour les » Israélites suivant le mode d'enseignement mutuel ».

« contributions forcées » ; mais l'avis du Ministre prévalut. (*Assemblée des notables*, 11 novembre 1812.)

[1] M. S. Mayer Dalmbert, membre laïque du Consistoire central des Israélites de France, dressa, en 1817, le plan d'une institution en faveur des Israélites. L'organisation de cet « Institut » était entièrement étrangère a celle des écoles primaires. M. Dalmbert fixait à 75,000 francs la somme nécessaire pour fonder cet établissement et pour subvenir à son entretien. Il comptait obtenir cette somme en créant cent-cinquante actions de cinq cents francs chaque. Les souscriptions étaient reçues chez :

MM. Worms de Romilly, chevalier de la Légion d'honneur, banquier, rue de Bondi, n° 44 ;
B. L. Fould et Fould-Oppenheim, banquiers, rue Bergère, n° 10;
Le baron de Rothschild, banquier, rue de Provence, n° 26.

Ce projet ne fut pas mis à exécution. M. Mayer Dalmbert renouvela en 1827 sa tentative et tâcha de détourner, en sa faveur, une autorisation que les autorités compétentes s'apprêtaient à donner a M. S. Cahen, professeur de l'École consistoriale, qui abandonna ce projet par considération pour l'administration dont M. Dalmbert faisait partie.

[2] MM. de Cologna et Emmanuel Deutz étaient grands Rabbins du Consistoire central. Conformément au décret organique du culte israélite, le Consistoire central était composé de trois Rabbins et de deux membres laïques. M. David Sintzheim était le troisième grand Rabbin. Sur la demande du Consistoire, MM. de Cologna et Deutz avaient élaboré, en 1819, un projet d'instruction religieuse destiné à l'école. Mais le cadre en était trop vaste et les auteurs avaient oublié de faire « un chapitre tout exprès » pour entretenir la jeunesse des événements relatifs à l'émancipation des Israélites; l'ouvrage ne fut pas adopté.

Le plan d'école [1] préparé par cette commission [2] fut approuvé par le Consistoire au mois de janvier 1819.

Une seconde commission, composée de MM. Benjamin Rodrigues, Salomon Halphen, membres du Consistoire, et de MM. Terquem et J. Rodrigues fils, fut chargée de la recherche d'un local et d'un « sujet qui réunisse les qualités nécessaires pour être placé à la tête de cette école. » L'idée première, émise en 1812, de confier à la Société de secours et d'encouragement la direction immédiate de l'établissement scolaire fut abandonnée. Le Consistoire expliqua ce changement d'opinion par « les succès de l'enseignement mutuel » qui le déterminaient à charger une commission spéciale de dresser un plan d'école basée sur cette nouvelle méthode, et il se contenta d' « autoriser » la Société de secours à coopérer à la création de cette école par l'apport d'une somme de deux mille francs. Dès cette époque, le Comité de bienfaisance était destiné à être, en quelque sorte, le banquier des institutions de la Communauté [3].

[1] La première école israélite d'enseignement mutuel en France fut établie à Metz. Celle de Paris ne fut que la seconde. En 1821, les écoles primaires israélites étaient au nombre de douze, placées à Metz, Paris, Marseille, Bordeaux, Nancy, Thionville, Sarreguemines, Strasbourg, Haguenau, Bergheim, Sierentz et Ribeauvillers (*Notice sur l'état des Israélites en France*, par E.-C.-M. — Paris, de l'imprimerie Pillet aîné, 1821.)

[2] Elle élabora un projet d'établissement très complet qui envisageait l'organisation de l'école à tous les points de vue et fixait minutieusement les bases de l'enseignement, la direction à imprimer à l'établissement, les moyens de pourvoir à son entretien, etc., etc.

[3] Le *Règlement d'ordre et de police pour le temple* (26 août 1822) porte, à ce sujet, que « ceux qui seront appelés à la Torah feront une offrande pour le Comité de secours et d'encouragement, laquelle ne pourra être moindre de *vingt centimes* ». — C'était l'obole obligée au pauvre. — Elle n'a rien qui nous choque. C'est une tradition juive qui pourrait n'être pas abandonnée.

Suivant un rapport présenté le 23 avril 1819, trois « sujets » se présentèrent pour être placés à la tête de l'établissement : ce furent MM. Joseph Isidore, maître d'une école d'enseignement mutuel établie auprès d'un régiment de la garde royale ; Sauphar, instituteur primaire à Paris, et Drach. M. Drach, gendre du grand rabbin Emmanuel Deutz, fut l'élu. Il était docteur de la Loi, gradué de l'Université royale, et il avait enseigné les langues classiques à l'Institut des nations étrangères[1].

Si le choix d'un maître ne constitua pas une sérieuse difficulté il n'en alla pas de même d'un local. Ce fut une course éperdue à travers les 6e et 7e arrondissements (3e et 4e actuels). La Commission s'épuisait en recherches vaines[2]. Tout menaçait d'être retardé de nouveau. On avait proposé de prendre un local dans une maison sise rue Charlot et « appartenant (?) au Consistoire » ; mais le Consistoire avait repoussé cette proposition, nous ne savons pour quelle raison. On projeta alors de se servir provisoirement d'un petit local attenant à la synagogue de la rue Saint-Avoye, à laquelle il servait de succursale ; mais le Consistoire ne ratifia pas plus cette proposition qu'il n'avait approuvé la première ; et, quel que fût l'embarras de la

[1] M. Joseph Isidore ne fut pas choisi comme maître parce qu'il ignorait la langue hébraïque ; et M. Sauphar — bien que jouissant d'une estime générale — parce que son grand âge lui aurait difficilement permis d'acquérir « les nouvelles connaissances » qu'exigeait la pratique de l'enseignement mutuel. (*Rapport de la Commission provisoire sur le choix d'un maître et d'un local pour l'école consistoriale israélite*, 23 avril 1819.)

[2] « La Commission a cherché pendant longtemps un emplacement convenable et à proximité des Israélites ; mais le défaut de convenance ou la cherté des loyers ont rendu jusqu'à présent ses recherches vaines, et sans aucun effet. » *Rapport de la Commission provisoire.*

commission spéciale, quel que fût par conséquent le désir du Consistoire d'y mettre fin, son refus s'explique suffisamment par ce fait que le bail de cette synagogue — la plus importante des synagogues de Paris — allait être dénoncé. En effet, depuis les premiers jours de septembre 1818, une commission spéciale composée de membres de la Société de secours et d'encouragement avait, au nom du Consistoire, fait l'acquisition et du terrain sur lequel devait bientôt s'élever le temple de la rue Notre-Dame-de-Nazareth et de la maison attenante, rue Neuve-Saint-Laurent, n° 14.

Cependant, malgré ces atermoiements successifs, l'école était installée provisoirement dans une des salles d'un local où M. Monod, pasteur protestant, réunissait, rue des Billettes, la « jeunesse de son culte ». Il devenait urgent de prendre un parti, ou, sinon, le prix de tant d'efforts allait de nouveau être perdu. En désespoir de cause, le Consistoire mit à la disposition de la commission une salle attenante au bâtiment du nouveau temple et qu'on rendit « propre à cette destination ». L'école y fut ouverte le 4 juillet 1819. Elle avait été fondée le 17 mai [1].

La Commission d'instruction, instituée par délibération consistoriale en date du 26 avril 1819, et composée de MM. le chevalier de Cologna, Baruch Weill, Hatzfeld, Singer, Mathias Dalmbert, Terquem, Picard, Alphonse Cerfberr et Julien Lecerf [2], tint le 3 mai sa première séance. Dès le 10, elle donne avis de son installation au Consistoire ; le 17, elle l'informe qu'elle a

[1] Elle était donc restée deux mois environ chez M. Monod.

[2] Voir, à l'appendice, la liste des membres qui ont composé le comité de l'École des garçons depuis sa création jusqu'en 1830.

nommé pour président M. le chevalier de Cologna, pour secrétaire M. Cerfberr et pour trésorier M Hatzfeld. Elle attend avec impatience des pièces importantes que détient le Consistoire. L'un des membres écrit au secrétaire pour le prier de hâter la signature de ces documents et il ajoute : « On lit dans l'Iliade que ce n'est pas pour dormir qu'on est roi ; c'est que du temps d'Homère il n'y avait pas encore de secrétaire... »

On se met donc à l'œuvre avec une grande ardeur, avec la volonté d aboutir à un prompt résultat. Les séances succèdent aux séances. On se réunit tous les huit jours. Les communications entre le comité de l'école et le Consistoire sont nombreuses, multipliées. Les inspections à l'école se renouvellent presque quotidiennement, et le « sieur » Drach, dont l'intelligence, le dévouement et les efforts sont à la hauteur de cet événement, reclame ces visites avec instance.

On pourvoit à la fois à l'organisation du Comité et à celle de l'école et des études, à la détermination des rapports entre l'école et le Comité. On élabore un règlement organique, un règlement de comptabilité, un règlement intérieur de l'école[1]. « Le comité de

[1] Le règlement de comptabilité (13 novembre 1819) prévoyait les fonctions, les droits et les obligations de la commission chargée de ce soin. — Le règlement organique du Comité (22 novembre 1819) arrêtait la formation, les attributions, le renouvellement de ce Comité, le mode de délibération, les Commissions dont il devait être composé et les fonctionnaires qui y étaient attachés. Ce document renferme 47 articles. Pour justifier la multiplicité de ces dispositions, la Commission de surveillance disait : « Lorsque les hommes s'assemblent, a dit le célèbre Furtado, des passions, des préjugés, des préventions s'assemblent. Qu'il nous soit permis d'ajouter qu'il faut opposer à ces torrens des assemblées délibérantes la digue insurmontable des règlements. » Elle alléguait encore « la nécessité de réfréner puissamment cette vi-

surveillance et d'administration des écoles consistoriales israélites de Paris[1] » — tel est le titre que prend cette Commission, par décision en date du 15 juin 1819 — ne connaît point de borne à son activité, qui ne s'étend pas seulement sur les études, mais aussi sur le bien-être matériel[2].

Infatigable, en effet, le Comité adresse rapports sur rapports au Consistoire de Paris. Il détermine les matières qui devront être enseignées dans l'école[3]; il

vacité de saillies, cette fougue de mouvements qui caractérise les discussions des Israélites ». — Le règlement intérieur pour l'école (19 octobre 1819) était divisé en six chapitres, comprenant soixante-neuf articles et traitant de l'*admission*, de l'*enseignement*, des *récompenses* et des *punitions*, de la *police générale de l'école*, des *Examens*, etc.

[1] Le secrétaire du Comité, dans un rapport à une distribution de prix, expliquait ainsi l'emploi de ce pluriel : « Il est de notoriété pu-» blique que nous ne possédons qu'une école primaire. Le Comité aime » à croire que vous ne le soupçonnez pas d'une infraction grammati-» cale; mais toujours est-il vrai que vous pouvez lui attribuer une » légère dose de vanité administrative. Pour nous justifier de ce petit » reproche, nous n'avons qu'un mot à dire : depuis longtemps nous » comptons sur la création d'une école secondaire; mais ce projet a » été abandonné et... le pluriel nous est resté par prescription. »

Une lettre écrite par le Consistoire à ce Comité, en juin 1819, porte comme suscription : « A Messieurs les membres composant la Commission d'instruction chargée de l'établissement et de la haute surveillance de l'Ecole d'enseignement mutuel. » On s'en tint là.

[2] C'est de cette époque, en effet, que date l'admirable création des distributions de vêtements aux enfants des Ecoles. Ce bienfait, qu'aujourd'hui le Comité de bienfaisance répand avec une généreuse profusion, et qui alors ne s'appliquait qu'à un nombre restreint d'enfants, était dû, en partie, à la charité publique, mais surtout à M. le baron James de Rothschild, qui, pendant de longues années, fit à ses frais, une distribution annuelle de vêtements aux élèves des écoles. Il conserva presque toujours l'anonyme, et, par l'intermédiaire de M. Alkan, président de la Société de secours, à qui l'honneur échut de faire le bien en son nom, il contribua, plus que tout autre, dans les phases critiques que traversa l'Ecole, à aider l'administration à sortir de ses embarras d'argent.

[3] Voici quelles étaient ces facultés : l'*instruction religieuse* compre-

dresse son budget pour 1820[1]; il décide que « la langue nationale est la seule qui devra être parlée dans l'école primaire », et il défend sévèrement l'usage des langues étrangères[2]. Il arrête qu'un « livre d'or » sera établi sur lequel seront inscrits les bienfaiteurs de l'école. Il se met en relations avec les Consistoires de province et leur fait part de la création de son établissement d'enseignement mutuel. Il en avise le préfet de la Seine, qui lui répond qu'il est enchanté des efforts tentés pour « former le cœur et l'esprit des jeunes israélites ». Il en informe la *Société pour l'instruction élémentaire* qui, après avoir visité l'école, lui adresse ses félicitations.

A ce moment déjà le local prêté par le Consistoire dans la maison du temple ne pouvait plus suffire aux besoins de l'école. Plus de quatre-vingts élèves se pres-

nant : la lecture de l'hébreu, la traduction des événements les plus importants de la Bible, la récitation du catéchisme. La grammaire hébraïque n'était enseignée qu'aux enfants qui en étaient jugés capables. — La *langue française* : lecture, écriture, orthographe, grammaire. — Le *calcul* : les premières règles. — Les notions élémentaires de *cosmographie*, de *géographie*, d'*histoire ancienne* et *moderne*, — avec l'ordre d'insister particulièrement sur l'histoire de la France dont on devait faire ressortir et connaître les institutions politiques, les avantages qu'elles assurent aux Israélites, etc. Aucune langue étrangère ne devait être enseignée ni parlée dans l'intérieur de l'École. L'incorrection de langage de nos coreligionnaires d'alors motivait suffisamment de pareilles instructions. — L'infraction à cette défense pouvait entraîner la destitution du maître.

[1] Les dépenses pour 1820 s'élevaient, en prévision, à 4,000 francs. — Les recettes, sauf l'allocation de 2,000 francs faite par le Consistoire, étaient aléatoires. Elles se composaient des dons « gratuits » et de la rétribution des élèves payants.

[2] Dans le temple, cette défense ne fut faite qu'à partir de 1832. Par arrêté en date du 17 décembre 1831, le Consistoire décida « qu'aucun sermon, aucune oraison funèbre, ni discours quelconque, ne pourront être prononcés dans le Temple qu'en langue nationale ou en langue sacrée ».

saient dans deux pièces trop étroites[1]; en outre, un changement de plans dans la construction de la nouvelle synagogue exigeait que la salle fût démolie. Il fallait chercher un local plus vaste. On découvrit un appartement rue des Singes, n° 3, et immédiatement le bail fut conclu.

Le 25 octobre 1819, l'école était transférée dans sa nouvelle maison, et, le 13 novembre, eut lieu l'installation solennelle de la première école consistoriale israélite de Paris. Cette cérémonie fut ouverte par un discours de M. de Cologna, président du comité. « Au » premier signal donné par le gouvernement, dit-il, » le Consistoire israélite de la capitale déploie tout » son zèle; il s'occupe aussitôt de votre sort et avise » aux moyens de vous arracher à l'oisiveté et à l'igno» rance, l'une de même que l'autre, véhicule fatal » du vice, de la dépravation et, hélas! trop souvent » du crime!... » Ce discours fut suivi de la lecture du règlement de l'école. Un élève traduisit en français un passage de la Bible. Le maître de l'école le commenta et en fit ressortir les conclusions morales. M. Rodrigues, membre du Consistoire, prit ensuite la

[1] Le succès considérable de cet établissement, en faisant une redoutable concurrence aux institutions privées, soulevait des plaintes : celle d'un sieur Saupher, entre autres, — le même qui fut candidat à la place de maître de l'Ecole consistoriale. Il tenait, depuis plus de vingt-cinq ans, une institution primaire israélite qui paraît avoir été importante à cette époque, et s'il faut en croire le rapport de la Commission chargée, en 1819, du choix d'un maître « la seule qui, à Paris, fût digne de quelque attention et qui eût obtenu des succès notables ». Une femme Benjamin, qui avait pris « la suite » de son mari décédé et qui gérait un quasi établissement d'instruction, fit entendre également des réclamations. Tous deux s'écrient : « Vous me prenez tous mes élèves! Vous m'enlevez mon gagne-pain! » Le Comité passait à l'ordre du jour sur ces plaintes assurément fondées, mais dont l'intérêt privé devait disparaître devant le bien général.

parole, et un moniteur général répondit au nom de ses camarades

Ainsi se terminait l'année 1819. Tant et de si généreux efforts étaient donc couronnés d'un plein succès, et cette inauguration méritait de demeurer comme un éclatant témoignage de ce que fit une poignée d'hommes qu'animait le désir profond de voir les Israélites s'élever au-dessus du rang social inférieur qu'ils occupaient et où de continuelles persécutions les avaient placés.

II

LA PREMIÈRE DISTRIBUTION DE PRIX. — NOTES PERSONNELLES DU DIRECTEUR.

Les commencements furent difficiles. Malgré son *Livre d'Or* [1], malgré les bénédictions appelées sur les bienfaiteurs de l'École [2], on ne recueillit en 1819 qu'une somme de 4,026 francs [3], et, en 1820, la somme bien réduite déjà de 850 francs.

[1] Ce *Livre d'or* est un grand in-4° très fort, doré sur tranches, avec le dos et les plats couverts de fers dorés. Il porte, comme inscription, sur le plat : *Ecoles gratuites des Israélites de Paris. — Registre des bienfaiteurs. — Fondées en mai* 1819. — Il contient les règlements relatifs à la confection de ce livre et à la cérémonie de la bénédiction et les noms des bienfaiteurs.

[2] M. de Cologna avait composé, à cet effet, une prière spéciale.

[3] Encore convient-il d'en défalquer la subvention accordée par le Consistoire — mais que plus d'une fois il dut emprunter pour en opérer le versement. Voir plus loin la liste de ces bienfaiteurs.

Déjà le Conseil de surveillance ne pouvait plus suffire aux dépenses de l'École dont les frais de matériel et de translation avaient ét· considérables. Dès le 18 avril 1820, le propriétaire réclamait avec insistance le paiement du loyer de la maison de la rue des Singes[1], et le Comité se plaignait au Consistoire d'être obligé de recourir pour le paiement du traitement de l'instituteur et du terme échu, à la gracieuseté personnelle de son trésorier. La dépense générale, depuis la fondation de l'Ecole, s'était élevée à la somme de 7,378 fr. 64 c., et les diverses recettes qui n'avaient été que de 7,170 francs créaient déjà un déficit de plus de 200 francs qu'augmentait encore le non-paiement de l'allocation consistoriale. On avait compté sur la rentrée « du produit des élèves payants », mais ces rétributions n'avaient rendu, au 23 octobre 1820, — pour une periode de dix-huit mois, — que la somme dérisoire de 123 fr. 50 c[2].

Ces circonstances auraient pu être pour tous autres de nature à affaiblir le zèle et le dévouement. Les membres du Comité comprenaient autrement leur mission, et, bien que plus d'une fois ils dussent être arrêtés dans l'exécution de leurs projets, ils ne perdaient pas de vue cependant les intérêts matériels et moraux de l'école.

[1] Le Comité mentionnait en ces termes cette réclamation : « Il est donné lecture d'une *demande* de M. Caron, propriétaire de la maison dans laquelle est située l'école. Cette lettre a pour objet de *solliciter* le *remboursement* montant à 250 francs du dernier terme échu. »

[2] Le règlement intérieur de l'Ecole avait prévu l'admission d'élèves payants. La moitié du montant des rétributions scolaires était attribuée au professeur. La valeur en fut toujours absolument infime. En 1827, le professeur reçut du Comité une compensation du revenu promis, un seul élève payant fréquentant l'école à cette époque.

C'est ainsi qu'une des premières et des plus constantes préoccupations du Comité fut l'avenir des enfants qui lui étaient confiés[1]. *La Société israélite des Amis du Travail*, dont le but était de « procurer aux jeunes indigents de notre communion le moyen de se livrer à la carrière des Arts et Métiers » n'était pas encore fondée[2], et il fallait se hâter de prendre des

[1] Dès le début de sa nouvelle organisation, la Société d'encouragement et de secours s'occupait de placer les jeunes indigents en apprentissage. Un état, dressé en 1810, indique le nombre d'inscriptions (23) et les états auxquels ces jeunes gens se vouaient. Il y avait 4 cordonniers, 6 tailleurs, 4 menuisiers, 2 selliers, 1 bourrelier et 1 armurier. La mention de l'état de quatre d'entre eux est restée en blanc.

[2] Elle fut fondée en 1823. Son organisation fut approuvée par arrêté du ministre en date du 28 avril 1825. Le registre des procès-verbaux, commencé le 8 janvier 1826, a été tenu jusqu'au 26 juin 1832, où s'arrête brusquement le compte rendu des séances. — Cette Société et le Comité des Écoles fonctionnaient pour ainsi dire côte à côte. L'une était le complément de l'autre. Il y eut des « écoles de samedi et de dimanche » pour entretenir chez les apprentis les connaissances qu'ils avaient acquises.

Antérieurement à la création de cette Société, le Comité de l'Ecole avait placé 44 garçons en apprentissage. La Société des Amis du travail plaça, en 1825, 13 enfants, la Réunion des Dames protectrices de l'école des filles, 25 jeunes filles. En 1826, 15 enfants des deux sexes; en 1827, 12 filles; en 1828, une trentaine de garçons furent également placés. Cette Société plaça, en huit années, cent et un enfants. Voici ce que, suivant un rapport adressé au Consistoire, ces enfants étaient devenus en 1833 : — 13 finissaient leur apprentissage; 8 étaient décédés; 8 avaient quitté Paris; 4 étaient militaires; 1 était employé de commerce; 1 était employé au Théâtre-Français; 5 établis pour leur compte, gagnaient bien leur vie; 36 étaient ouvriers, gagnant de 1 fr. 25 à 5 francs par jour; 25 avaient quitté leurs ateliers sans qu'on sût ce qu'ils étaient devenus.

Ce fut la Société de secours et d'encouragement qui continua la tâche entreprise par la Société des Amis du Travail « dont la marche a été arrêtée par des circonstances fortuites ». Cette Société remit, en 1843, au Comité de secours la somme de 2,521 fr. 20 c. qui lui restait en caisse. — Puis, une Société particulière fut, sous le patronage de M. Isidor, grand Rabbin de Paris, fondée sous le nom de *Société des*

mesures pour empêcher les enfants qui s'étaient fait inscrire sur les registres de l'école de n'en suivre qu'irrégulièrement les cours, de ne s'y rendre qu'exceptionnellement, ou encore de quitter l'école avant la fin de leurs années d'études, non pour entrer en apprentissage, mais pour parcourir les rues, aller « vendre », faire le métier de colportage, sacrifiant ainsi leur éducation à l'espoir d'un gain, souvent léger, — mais immédiat.

Le Comité de surveillance s'inquiétait de cet état de choses qui, s'il se prolongeait, pouvait devenir fatal à l'œuvre de moralisation que l'on poursuivait par l'instruction générale. Le Comité, pour y remédier, soumit au Consistoire, tantôt des délibérations qui avaient pour objet de favoriser et d'exiger la mise en apprentissage des élèves sortant de l'école [1], tantôt des arrêtés pris d'accord avec le Comité de secours et qui menaçaient de priver de toute aide les familles secourues par la Société d'Encouragement [2].

jeunes garçons israélites de Paris, dont le but était de placer en apprentissage les élèves des écoles israélites.

Des cours du soir, fondés en 1849, furent, en 1858, réunis à cette Société dont M. le baron Alphonse de Rothschild était alors président. Elle fut dénommée, en 1859, et garda depuis, le titre de *Société de patronage des apprentis et ouvriers israélites*.

[1] Un des membres du Comité de l'Ecole, M. Singer, avait donné un exemple touchant de l'intérêt que tous ces hommes de bien prenaient à l'avenir de la classe pauvre. Il s'était engagé à mettre en apprentissage, à ses frais, « deux écoliers pauvres parmi ceux qui auront eu la meilleure conduite lorsque l'âge et l'instruction leur permettront de quitter l'école ». M. Singer devait mourir sans avoir pu mettre ce généreux projet à exécution. Mais il eut la bonne pensée d'en assurer la réalisation après sa mort.

[2] L'un de ces arrêtés porte : « Considérant que plusieurs Israélites » de la classe pauvre mettent une coupable indifférence à envoyer leurs » enfants aux écoles gratuites où une première éducation leur est dé- » partie sous la surveillance d'un Comité spécial; considérant qu'il

La Commission d'instruction ne négligeait donc rien pour élever le moral des enfants. Elle voulait les attacher aussi, par l'appât de certaines récompenses, à cet établissement qui était cité à l'ordre du jour de la Société élémentaire. Elle leur délivrait des « billets de mérite », et ces billets étaient remboursables en espèces. Les sommes étaient plus ou moins fortes suivant l'assiduité et le travail. Une feuille d'émargement, que nous avons sous les yeux, témoigne des sommes remises à une quarantaine d'enfants. Elles varient de 10 fr. 90 à 02 c.

A la fin de l'année, pour donner aux études une sanction solennelle, le Comité de surveillance arrêta qu'il y aurait une distribution de prix. Cette cérémonie fut fixée au mardi 31 octobre. Le Préfet de la Seine, qui en fut avisé, informa le Consistoire qu'il avait compris l'école parmi celles qui recevraient des récompenses de l'administration, et il désigna le maire du 7e arrondissement pour présider cette cérémonie.

Le Conseil de surveillance, touché d'un tel accueil, s'efforça d'être à la hauteur de ces circonstances. Il tient de fréquentes séances, prépare un programme, arrête les lignes principales de cette solennité et ne néglige rien pour recevoir ce personnage avec

» faut imposer cette obligation aux parents assez ennemis de leurs » enfants ou assez ignorants des moyens de consolider leur bien-être » futur pour ne pas les envoyer dans un établissement où ils puisent » les moyens de devenir un jour de bons et d'utiles citoyens, et où ils » reçoivent le bienfait de l'instruction morale et religieuse... Arrête ; » art. 1er. Tout Israélite de Paris qui négligera d'envoyer ses enfants » à l'école gratuite des jeunes garçons israélites de Paris ou qui ne » justifiera pas de leur admission dans une autre classe, sera privé de » tout secours du Comité de bienfaisance... »

Le Consistoire devançait de cinquante ans la loi sur l'instruction primaire.

toute la distinction possible. Pour « disposer convenablement le local », on fait appel au tapissier, on loue des banquettes, des fauteuils et des « tapis de pieds »; la salle d'école est tendue de draperies; on pose partout des tentures, on élève des trophées. Le directeur fait nettoyer les croisées, remettre des carreaux, achète de la « faveur » et des « pointes » et fournit sa petite note de dépenses qui s'élève à 8 fr. 55 c. — Inutile d'ajouter que « les élèves sont invités à se presenter avec une mise décente ». C'était le moins.

On voit, par ces détails, combien cette cérémonie, tout à fait nouvelle dans les habitudes de la communauté, préoccupait les membres du Comité de surveillance. Tout se passa comme il avait été convenu. « La » salle était encombrée d'une foule de spectateurs de » tout âge et de tout sexe [1]. » La séance fut ouverte par la lecture d'une des prières du matin. Vinrent les discours du maire, de M. de Cologna, de M. Rodrigues. Puis, après un exercice de lecture française et hébraïque, on procéda à la distribution des prix [2]. La cérémonie fut terminée par des prières pour le roi et la famille royale.

Le Conseil se tenait régulièrement au courant de ce

[1] Rapport du Comité de l'Ecole.

[2] A cette distribution, outre les deux prix de moniteurs généraux qui furent obtenus par Delingé aîné et Deutz aîné, on décerna huit prix et huit accessits — soit deux prix et deux accessits par matière : hébreu, lecture, écriture, arithmétique. — Les élèves Ascoli aîné, Deutz aîné, Fould, Léon, Olmer, Wall et Worms, obtinrent les prix, et les accessits furent décernés à Deutz cadet, Goudchou cadet, Hirtz aîné, Léon, Léon cadet, Léon Jacob et Pierre. — Une centaine d'élèves fréquentaient l'école à cette époque, mais ces récompenses n'étaient accordées qu'aux premières divisions. L'Ecole était répartie en 8 classes; la huitième était la plus haute.

qui se passait à l'école et se faisait adresser, outre un état nominatif de la conduite et du travail des élèves, un tableau-rapport hebdomadaire constatant la situation de l'établissement.

Ces rapports étaient généralement accompagnés de notes personnelles et rapides dans lesquelles le directeur exposait au Comité les besoins de l'école, les réflexions qu'ils lui suggéraient, ses observations sur des arrêtés pris ou à prendre et les réclamations que nécessitait la situation actuelle de la maison. Les moindres faits y étaient soigneusement enregistrés : les distributions de vêtements ou d'argent faites aux élèves par des personnes charitables, par exemple. Elles étaient fréquentes. M. Drach conseillait beaucoup les dons en espèces. « Il vaut bien mieux, disait-il au Comité, donner aux enfants l'argent que l'on emploierait pour acheter des récompenses en livres, médailles, etc., attendu que nous ne connaissons pas leurs besoins. »

La misère des enfants qui fréquentaient l'école était grande en effet. Un jour, un élève cassa, pendant la récréation, une vitre de la croisée du propriétaire. Pour payer ce dégât il donna tous les jours 5 centimes qu'il recevait de sa mère pour son goûter. Plusieurs de ses camarades furent touchés de la privation qu'il s'imposait et ils se cotisèrent. Le moniteur général s'associa à cet acte charitable; le professeur suivit cet exemple. Mais la collecte n'avait produit que 1 fr. 45 c. et le carreau coûtait 2 fr. 50 c. Le professeur fit, « pour le restant, un appel à la générosité de MM. les membres du Comité ».

La situation pécuniaire de M. Drach ne laissait pas moins à désirer. Autorisé par le Comité à faire nettoyer le tuyau de poêle de la classe, et à acheter quelques menus objets, tels que balai et tableaux pour la grammaire et l'arithmétique, il répond qu'il ne peut pas, « à côté des petites dépenses de l'école, faire ces dépenses qui sont cependant nécessaires ».

A cette époque (décembre 1821), il y eut plus particulièrement dans l'école une épidémie de gourme. Le Dr Cahen père y faisait de fréquentes inspections médicales et envoyait à l'hôpital Saint-Louis ceux qui étaient atteints. Quelques-uns refusèrent de se faire traiter, — un nommé Dennery, entre autres, dont la mère disait « qu'elle voulait lui conserver son *mal de tête* pour le purger de ses humeurs malignes ».

Le concours énergique de M. Drach fortifiait l'action du Comité de l'école pour chercher à empêcher les élèves de se livrer au vagabondage et au trafic. Il signalait ceux qui désertaient la classe et il le faisait parfois avec une certaine causticité d'esprit : « Aron Isaac, disait-il, va vendre le dimanche et le lundi. M. le Président lui ayant représenté d'une manière fort touchante combien les avantages de l'instruction sont au-dessus du petit gain qu'il espérait obtenir, cet élève promit d'être dorénavant exact à l'école et... s'en alla vendre. » Ou encore : « David Léon ne veut venir à l'école qu'une demi-journée. En attendant cette permission, il n'y vient pas du tout. »

Ces désertions, le directeur les déplorait, et ses notes, où il se montrait partisan convaincu du « compelle intrare » eurent une réelle influence sur les décisions qui furent prises pour les enrayer. Mais s'il appelait la sévérité du Comité sur ces enfants qui s'en allaient vendre, « comptant sur l'incurie de leurs parents », en revanche, il témoignait une réelle sollicitude pour ceux qui se distinguaient dans les états qu'ils avaient embrassés, et il citait leurs noms, leurs travaux, leur situation avec une légitime satisfaction.

Nous parlions tout à l'heure de l'état misérable et des enfants qui fréquentaient l'école et du directeur. La situation du Comité n'était pas meilleure. En hiver, les classes manquaient de combustible, et pendant toute l'année, le défaut de livres, de plumes, d'encre et d'argent pour les besoins les plus urgents faisait l'objet de réclamations incessantes et multipliées : « L'école ne saurait plus se passer de bois. — On devrait avoir dans l'école un peu de feu le matin. — Notre papier est consommé. Il se fait dans l'école une grande consommation de plumes et d'encre, parce que les élèves de la 7e écrivent tous les jours sur le papier, et ceux de la 8e, outre les pièces qu'ils font, écrivent journellement sous la dictée plusieurs pages qu'ils sont obligés de recopier tant qu'ils font des fautes. Dans les autres écoles on n'écrit que deux fois par semaine sur le papier[1]. — Il faut des plumes et de l'encre. J'ai fait la dernière encre avec le dépôt des bouteilles que j'ai cassées — Nous n'avons point de livres de lecture en français. — La lecture française ne se fait plus qu'avec beaucoup de difficulté parce que nous n'avons pas de livres. »

Telles sont, en résumé, les principales observations que M. Drach portait à l'attention du Comité. Elles méritaient, croyons-nous, d'être connues.

[1] Les élèves des divisions inférieures écrivaient sur l'ardoise et sur le sable.

III

LA PREMIÈRE ÉCOLE DE FILLES. — TROISIÈME CHANGEMENT DE DOMICILE DE L'ÉCOLE DES GARÇONS.

Le 10 décembre 1820, le Comité de surveillance, en transmettant au Consistoire le budget des dépenses de l'école arrêté à la somme de 3,600 francs[1], pour l'année 1821, lui faisait part de l'utilité considérable qu'il y aurait à créer sans retard une école pour les jeunes filles Il en faisait valoir l'importance et tout le monde en sentait la nécessité. Mais les ressources trop limitées du Comité le mettaient dans l'impossibilité de mettre ce projet à exécution.

Cependant, le 8 juillet 1821, après un entretien avec un membre de la Société pour l'instruction élémentaire, attaché à la Préfecture de la Seine, le Comité écrivait de nouveau au Consistoire et proposait de former une réunion de dames sous le titre de « Réunion des Dames protectrices des Ecoles consistoriales israélites de Paris », dont l'organisation lui permettrait en même temps d'être utile à l'école de garçons et de contribuer à l'établissement de l'école des filles, en lui confiant le soin de faire des collectes en faveur des deux écoles. « Qui pourrait, en effet, ajoutait-il, résister aux charmes persuasifs de ces dames? Qui pour-

[1] Traitement du professeur, 1,500 francs; traitement du moniteur général, 300 francs; loyer, 1,000 francs; dépenses diverses, 800 francs.

rait refuser le denier de la veuve à ce sexe si intéressant et si admirable? Il lui suffira de vouloir, par ses soins et sa tendre amitié, prendre nos jeunes élèves sous son égide tutélaire, pour réussir au gré de nos mutuelles intentions... »

Le Consistoire adopta la teneur de la lettre et la décision qui y était jointe d'organiser un Comité spécial pour la création d'une école de jeunes filles, et, le 24 septembre 1821, Mmes Baruch Weill, Furtado, Michel Berr, Léon Mayer, Javal aîné, S.-M. Dalmbert, E.-M. Dalmbert Laurent Mayer, Bernheim, Singer, Philippe Simon, Michel Abraham, J.-G. Meyer, B. Rodrigues et Halphen jeune, recevaient la mission de fonder cet établissement. La réunion des dames se mit immédiatement à l'œuvre : elle nomma Mme Nanci Rodrigues [1] présidente, et Mme Victor Mayer secrétaire.

Dès les premiers jours, les dames protectrices s'élevèrent vivement contre l'autorité que, suivant elles, s'arrogeaient les membres du Comité des Écoles qui, avec l'approbation du Consistoire, s'étaient attribué l'emploi des fonds obtenus par ces dames. Le Comité, de son côté, faisait valoir avec raison que, ayant été contraint plusieurs fois de recourir à des quêtes et à des appels à la charité, il ne pouvait complètement se dépouiller de ces ressources, et que s'il avait confié aux « protectrices » l'intéressante mission de solliciter pour les écoles les bienfaits de leurs coreligionnaires,

[1] Mme Nanci Rodrigues était la femme de M. B. Rodrigues, membre du Consistoire. — M. B. Rodrigues, qui mourut en 1838, et Mme Nanci Rodrigues, qui mourut le 9 mai 1843, furent inhumés dans le cimetière catholique, « la famille Rodrigues ayant formellement déclaré qu'ils n'appartenaient pas au culte israélite ».

ce n'était pas uniquement pour l'école des filles Et les dames répliquaient : « ... La modestie qui doit être l'apanage de notre sexe[1] nous avait interdit jusqu'à présent certaines objections contre le règlement, mais ici, où il s'agit pour l'école des jeunes filles que nous voulons créer[2] d'exister ou de ne pas exister, il nous est impossible d'admettre un système qui paralyse tous nos moyens avant même qu'ils soient mis en action. »

Il fallut recourir à l'arbitrage du Consistoire qui décida que, pour tout concilier, les fonds recueillis par les Dames seraient versés entre les mains du trésorier des Ecoles, mais que la distribution en serait réglée par lui-même. La Réunion des Dames remit donc ses quêtes au Comité des Ecoles, et en adressant au Consistoire les prévisions de ses dépenses de premier établissement et de ses dépenses pour l'année

[1] Leur modestie n'empêchait pas ces dames de témoigner d'une réserve un peu sévère. Le Consistoire les ayant invitées à envoyer une députation à l'une de ses séances, elles répondaient, le 21 juin 1825, que, « si, pour le bien de l'humanité, des dames peuvent discuter entre elles, prendre des soins quelquefois fatigants, elles ne peuvent, cependant, en dépit des bienséances, se déplacer pour soutenir une discussion verbale avec des messieurs. » — La Réunion n'acceptait pas davantage de recevoir de délégation. La *Société des Amis du Travail*, qui en avait fait la demande, fut consignée à sa porte, sous le prétexte que « le Comité des Dames n'était pas dans l'usage d'admettre quelqu'un à ses séances ».

La modestie était alors un mot dont on usait beaucoup. La *Notice sur l'état des Israélites en France* (par E.-C.-M., 1821), après avoir constaté les progrès que les femmes de la religion juive ont faits dans l'éducation civile, ajoute : « Mais la modestie qui caractérise partout ce sexe nous interdit ici toute citation ».

[2] Un rapport du Comité de l'Ecole traduisait en ces termes les démarches que firent les Protectrices pour la création de leur école : «... Quelques Dames, entraînées par le sentiment de la plus honorable jalousie, conspirèrent ensemble au bonheur des demoiselles indigentes. »

1822[1], elle exprima l'espoir que le Consistoire lui attribuerait sur le budget général de la Communauté une allocation en faveur de l'école des filles. Mais ce budget était bien chargé, et MM. les Notables faisaient la sourde oreille.

Le 10 décembre 1821, les Dames protectrices procédèrent à la nomination d'une institutrice, et Mademoiselle Caroline Mayermax « emportant les suffrages », fut élue à la majorité de 8 voix contre 4 données à une demoiselle Halévy et 1 à une demoiselle Polack. Tandis que cette institutrice se formait, à l'Ecole normale spéciale, aux choses de l'enseignement mutuel, on prit les dernières dispositions. Les Dames avaient décidé d'ouvrir leur école dans le mois d'avril 1822, mais elles avaient compté sans la difficulté de trouver un local, difficulté qui avait déjà rendu si laborieuse l'ouverture de l'école des garçons, et ce n'est que quelque temps après le délai fixé que les recherches des Dames furent couronnées de succès.

Elles trouvèrent, rue de la Croix, n° 19[2], un local « beaucoup trop petit, et où les exercices ne pouvaient avoir le développement nécessaire », mais un local enfin! et l'école fut ouverte le 6 mai 1822[3]. — A la fin de l'année, l'école contenait cinquante-deux élèves,

[1] Ces dernières dépenses s'élevaient, en prévision, à 2,564 francs.

[2] La rue de la Croix est devenue la rue Volta. L'école était située dans le pâté de maisons qui se trouve entre la rue du Vert-Bois et la rue Turbigo — laquelle n'existait pas alors.

[3] Les Dames protectrices avaient demandé au Consistoire de prendre à loyer un local dans la maison du temple, rue Neuve-Saint-Laurent. Elles pensaient qu'il ne pouvait y avoir aucun inconvénient à accueillir leur requête, « car, disaient-elles, en général, il est reconnu que les femmes ne sont pas très bruyantes et sont jalouses de maintenir l'ordre et la propreté. » Le Consistoire dut leur refuser ce local puisqu'il allait être occupé.

« dont une partie, dit un rapport, lit, écrit et coud très joliment. » Quelque temps plus tard, les Dames étaient toutes fières de pouvoir dire que plusieurs élèves « poussent le calcul depuis l'addition jusqu'à la division et aux règles de société en y comprenant les fractions », et que, quant à la couture, elles y font déjà « depuis l'ourlet sur le papier jusqu'aux boutonnières, arrière-points et froncés pour les cols et poignets. »

Tandis que les Dames protectrices s'employaient avec cette ardeur à l'organisation de l'école des jeunes filles, le Comité de surveillance, tout en soutenant contre elles les intérêts financiers de l'établissement des garçons, tentait les plus grands efforts auprès de la Ville pour le maintenir à sa hauteur, et, tout au moins, pour ne pas le laisser péricliter. Intercédant avec une tenace insistance auprès du Préfet de la Seine, M. de Cologna sollicitait un subside si nécessaire à l'école. Il faisait valoir, dans une note spéciale, les frais considérables d'un local, cependant insuffisant, le déficit continuel du budget, la situation avantagée des écoles israélites de Metz et de Bordeaux qui recevaient des secours du Gouvernement; enfin il s'élevait hautement contre cette injuste exception qui faisait que le culte israélite seul n'était pas défrayé par l'État, bien que tous les Israélites concourussent, par l'impôt général, aux frais des autres cultes [1].

[1] Cette note, datée du 29 janvier 1821, est tout entière écrite de la main de M. de Cologna. Quelques erreurs matérielles s'y sont glissées. M. de Cologna était d'origine italienne et, bien que d'un esprit très cultivé, il ne possédait pas parfaitement la langue française. Sa prononciation surtout était défectueuse. De l'aveu de ceux qui l'ont connu

Grâce à ses démarches multipliées, il obtint que le Ministre de l'Intérieur comprît l'Ecole consistoriale parmi celles qui recevaient des allocations, et, au mois d'avril, le Comité reçut, avec une joie doublement profonde, une subvention de 500 francs. C'était, en effet, à la fois un succès moral pour l'école, et une bonne fortune pour la caisse toujours vide [1].

Dans le but de diminuer ses charges, le Comité de surveillance avait, dès le commencement de l'année 1821, exprimé le désir qu'un local lui fût donné dans la maison attenante au Temple, rue Neuve-Saint-Laurent, dès que la construction en serait terminée. Par délibération en date du 30 septembre 1821, le Consistoire, accueillant cette demande, décida d'affecter à l'école mutuelle tout le premier étage de cette maison [2].

sa physionomie, très intelligente, était fort expressive et sympathique. M. de Cologna demeurait, à cette époque, rue Vieille-du-Temple, n° 78.

[1] Le 6 novembre 1821, on procéda à la distribution des prix avec le même cérémonial que l'année précédente. Aucun fait particulier ne signala cette solennité. On y décerna 9 prix et 6 accessits. — Les dépenses, pour l'année 1821, s'étaient élevées à 4,583 fr. 82 c., et les recettes à 4,445 fr. 50 c.

Le 24 juillet 1821, le Consistoire avait accordé à M. Lœvy, le célèbre Ministre officiant, l'autorisation de « faire un choix convenable parmi les jeunes gens de l'école » pour leur faire « chanter en chœur des hymnes religieux ». Cela parait être l'origine des chœurs réguliers dans nos temples. En octobre 1812, un essai avait été fait « de former dans les temples un chœur de jeunes chantres pour accompagner le ministre officiant les jours de fêtes solennelles et extraordinaires ». Mais il ne réussit pas.

[2] La maison de la rue Neuve-Saint-Laurent fut distribuée comme il suit : 1° le garçon de bureau fut logé au rez-de-chaussée; 2° tout le premier fut destiné à l'École mutuelle; 3° le second servit pour la salle des séances du Consistoire; la Société de secours et d'encouragement et le Comité de l'École eurent, au même étage, chacun une salle de réunion; 4° le troisième fut *loué* à M. Seligman Michel, Grand Rabbin;

Cette mesure produisit dans l'administration du Temple[1] une émotion difficile à comprendre et des plus vives[2]. Elle objectait que les enfants qui étaient admis dans l'école étant, malgré les soins et la sollicitude du Comité, presque toujours « couverts des haillons de l'indigence », ce serait placer sans cesse sous les yeux des fidèles « le tableau affligeant de la misère »; — que des dégradations seraient inévitablement commises; que la présence de tant d'enfants accroîtrait la dépense que peut causer « l'enlèvement des matières dans les fosses mobiles »; — qu'enfin le voisinage de l'école chrétienne des Frères, dont la proximité avait déjà produit tant de désagréments, soulèverait de nou-

5° les pièces qui composaient les mansardes furent distribuées à des « bedeaux ».

C'est le 1er novembre 1821 que le Consistoire tint sa première séance dans ce local. A cette même date s'arrête brusquement, au 194e feuillet, la transcription des procès-verbaux. Le registre en contient 286. — Cette transcription ne fut reprise que le 17 novembre 1825. En effet, au-dessus du procès-verbal de la réunion tenue à cette date est la mention suivante qui fait présumer que le Consistoire ignorait l'existence du registre arrêté en 1821 : « *Premier registre des procès-verbaux des séances du Consistoire israélite de Paris. — M. G.-B. Weil tient la plume pour la première fois.* »

[1] C'est par l'ordonnance royale en date du 29 juin 1819 que le Consistoire fut autorisé à édifier un temple à Paris pour les Israélites de la capitale. L'inauguration de la synagogue de la rue Notre-Dame-de-Nazareth eut lieu le mardi 5 mars 1822. Le temple fut consacré par des prières dites pendant toute la nuit qui précéda le jour de l'inauguration. — Reconstruit en 1851, il fut inauguré une deuxième fois le 1er avril 1852. Il avait été fermé le 7 novembre 1850 et le Consistoire avait loué un local provisoire, rue de Montmorency, n° 20, où les offices furent célébrés jusqu'au 15 janvier 1852.

[2] Cette protestation fut signée par l'Administration tout entière qui était composée de neuf membres, savoir : MM. S. Mayer Dalmbert, administrateur en chef, A. Halphen fils, trésorier, E Mayer Dalmbert, Dechamin, Wolf Hirch, J. Hatzfeld, Alkan, Ph. Simon et Mayer. M. J.-S. Polack était secrétaire de l'Administration.

velles difficultés et serait une cause permanente de trouble aux heures de prières.

Le Consistoire ne fut pas touché des inconvénients que l'administration croyait apercevoir comme « une suite nécessaire de l'établissement de l'école » dans la maison du Temple. Il répondit, point par point, aux objections soulevées, et maintint sa décision. L'administration ne se tint par pour battue. Elle revint deux fois à la charge, ne désespérant pas de convaincre le Consistoire, invoquant même le témoignage de MM. de Cologna et Drach sur le « dommage, la malpropreté et le désordre » auxquels serait exposée la maison du Temple si on y installait l'école. Le Consistoire resta sourd à toutes les observations. Congé fut donc donné, le 19 mars 1822, au local de la rue des Singes, et dans le courant du mois d'octobre, l'école fut transférée rue Neuve-Saint-Laurent, devenue la rue du Vert-Bois. Des pièces qui devaient servir de classes aux élèves, l'une est affectée actuellement au service des enfants de chœur du temple de la rue Notre-Dame-de-Nazareth, et l'autre a servi pendant de longues années de salle de débarras, dite Salle de la Loterie, parce que les lots des billets pris à l'exposition annuelle et la roue servant au tirage y étaient déposés.

C'était pour l'école, depuis sa fondation, son troisième domicile. Ce ne devait pas être le dernier.

IV

DÉFECTION DE M. DRACH. — SITUATION FINANCIÈRE. — LES ÉTUDES. — PROJET D'ÉTABLISSEMENT D'UNE ÉCOLE SECONDAIRE. — DÉMISSION DE M. DE COLOGNA. — L'ÉCOLE DES GARÇONS, RUE DE PARADIS. — AGRANDISSEMENT DE L'ÉCOLE DES FILLES.

Le 21 janvier 1823, le Comité de surveillance publiait un arrêté qui réglementait d'une manière très stricte les devoirs et les droits du professeur de l'École et du moniteur général, les obligations auxquelles ils étaient astreints, et s'il s'engageait à donner à MM. Drach et Lion Hirsch des preuves de sa satisfaction, il prévoyait aussi les peines de remontrance, censure, retrait de congé, suspension et destitution, comme sanction à la non observance de ce règlement.

Trois mois après avait lieu la défection de M. Drach qui embrassa le catholicisme [1].

M. Drach obéit évidemment à des mobiles intéressés. Il suffit de le voir agir dans l'étroite enceinte où ses fonctions le retenaient pour juger combien sa nature, toute d'orgueil et de vanité, se conciliait peu avec la mission humble et modeste [2] qu'il avait remplie pendant

[1] Son baptême eut lieu à la fête de Pâques. — En *Janvier 1823*, le Consistoire avait dû refuser à M. Drach, faute de ressources suffisantes, de subvenir aux frais d'impression d'un abrégé d'histoire sainte qu'il venait de terminer.

[2] Il avait un traitement annuel de 1,500 francs. Il avait demandé au

trois ans et demi. Son action, dans ce milieu calme, était trop circonscrite. Il lui fallait un champ plus large. Il usurpait des titres sonores ; il revêtait, dans les cérémonies officielles, un costume auquel il n'avait pas droit, mais qui le tirait de pair ; il était possédé enfin de l'ambition de parvenir, et de parvenir avec éclat.

Il atteignit son but. La veille, instituteur primaire israélite, le lendemain bibliothécaire de la Propagande à Rome, M. Drach, devenu abbé, ne cessa de poursuivre ses coreligionnaires d'invectives et de dénonciations. L'*Univers* et le *Monde* acceptèrent sa haineuse collaboration ; et, dans l'*Harmonie entre l'Église et la Synagogue*, dans *Les Sentiers d'Israël*, il montra tout le fiel dont son âme était pleine. Il mourut en 1865[1].

Le Comité des Écoles songea donc à le remplacer.

Comité qui lui avait cédé déjà un cabinet et une cuisine, d'y ajouter une pièce qui était à côté de l'école et qui ne servait à rien. « Je m'arrangerai pour avoir assez de logement », disait-il. Il avait deux filles. — Comme il fallait passer par les classes pour arriver à cette pièce, sa demande ne fut pas accueillie.

[1] M. Albert Cohn, dans ses *Lettres juives*, dit du grand Rabbin Deutz dont Drach était le gendre : « Il avait éloigné de lui une grande partie de la Communauté par des malheurs de famille qu'il n'avait pu ni empêcher ni prévenir. Il vivait, soit chez lui, soit à la synagogue, complètement isolé. » Emmanuel Deutz, grand Rabbin de la « synagogue de Coblentz » avait été nommé le 18 mai 1810 grand Rabbin du Consistoire central, en remplacement de M. Ascher Lyon, démissionnaire, qui avait été nommé pour remplacer le grand Rabbin Sègre.

Drach fut l'auteur d'une traduction de poésies hébraïques et du premier almanach israélite en français. Cet almanach contenait, la seconde fois qu'il parut, les règlements organiques de notre culte. — A l'occasion de l'inauguration de la synagogue de la rue Notre-Dame-de-Nazareth, il composa une ode en hébreu qu'il fut admis à présenter au Roi ; il composa également une ode en hébreu avec la traduction française, au sujet de la naissance du duc de Bordeaux. (*Notice sur l'état des Israélites en France*, par Eugène Coquebert de Montbret' Paris, 1821.) David Drach était né à Strasbourg le 6 mars 1791.

La décision à prendre était d'autant plus urgente que, M. Lion Hirsch, professeur-adjoint, étant malade, les élèves étaient abandonnés à eux-mêmes. Ajoutons que, — coïncidence étrange, — au moment même où M. Drach consommait sa conversion, M. Hirsch se mourait.

Deux candidats se présentèrent à sa succession : MM. Senet et S. Cahen. « Le scandale produit par l'ex-professeur, disait le Comité, nous fait un devoir d'être bien circonspects dans notre choix. » Un concours d'orthographe, d'arithmétique et d'hébreu eut lieu entre les deux concurrents, le mardi soir, 22 avril, et M. Cahen, sorti vainqueur de cet intéressant tournoi, fut nommé professeur de l'École, aux appointements de 1,200 francs par an. Ce choix fut approuvé par le Consistoire, par arrêté en date du 29 avril 1823.

Du reste, l'année, commencée sous un si fâcheux augure, continuait mal. Jamais l'état des finances n'avait été plus mauvais ; jamais les plaintes n'avaient été aussi multipliées, aussi désespérantes. Elles se répètent avec une insistance navrante : « ... Notre caisse est » épuisée. — Nous sommes à la veille de nous voir » assignés. — Nous avons un besoin extrême de fonds. » — Nous nous verrons forcés de donner notre démis- » sion, ne pouvant plus soutenir l'École, et de congé- » dier le professeur. — Les élèves sont à la veille de » ne pouvoir plus travailler, faute d'ardoises, de pa- » piers, plumes, etc. — Le professeur, le moniteur gé- » néral et diverses personnes sollicitent le paiement » des sommes qui leur sont dues depuis longtemps, » sans que nous puissions les satisfaire [1]. »

[1] Un grave conflit faillit éclater, à ce sujet, entre le Comité de

La réunion des Dames n'était pas plus heureuse. Les Notables avaient consenti déjà à inscrire pour mille francs au budget annuel de la Communauté le traitement de Mlle Mayermax : c'était une concession d'autant plus grande que le Consistoire se plaignait que, malgré leurs promesses, les Dames ne rendissent aucun compte du produit de leurs quêtes annuelles. Plus d'une fois, néanmoins, elles adresseront au Consistoire des demandes de secours, ou elles le prieront d'intercéder auprès du préfet ou du ministre en faveur de l'école des jeunes filles.

Cependant, grâce à l'énergie que déployaient les administrateurs, l'instruction élémentaire ne souffrait en rien de tous ces embarras. M. S. Cahen, dont l'entrée à l'École fut pour le Comité « une véritable bonne fortune », et le professeur-adjoint, M. Louis Hirsch, à l'école des garçons ; Mlle Mayermax, qu'un rapport appelle l' « institutrice introuvable », et la monitrice générale, Mlle Flore Dreyfous, à l'école des filles, — aidaient puissamment à élever toujours davantage le niveau des études. Les Comités leur rendaient d'ailleurs une parfaite justice et le préfet de la Seine s'empressait, en 1825, de féliciter ces maîtres et ces maîtresses, ajoutant que « les succès de ces deux institutions doivent être un sujet d'émulation pour les écoles catholiques[1] ».

l'Ecole et M. B. Rodrigues, membre du Consistoire, qui, dans une lettre très brève et très sèche, reprocha au Comité de « laisser *clabauder* les ouvriers sur le non-payement des mémoires... » Un torrent d'encre fut versé, car ce mot avait provoqué des colères ; puis le Consistoire réconciliant les parties, les dissentiments furent apaisés.

[1] C'est au sujet de la directrice et de la monitrice de l'École, qu'un M. Rey, adjoint au maire, prononçait, dans une distribution de prix, la phrase suivante : « Je ne ferai pas d'autre éloge de ces deux inté-

A cette époque, cent élèves chez les garçons, soixante-dix chez les filles, formaient l'effectif habituel des écoles.

L'enseignement, tout en se fortifiant, ne s'étendait pas : il ne sortait pas, en 1824, de la limite tracée par le Comité de surveillance en 1819. Les tout jeunes enfants écrivaient sur le sable. Les *grands* apprenaient la lecture hébraïque et française, l'écriture, la grammaire hébraïque et française et le calcul. L'histoire et la géographie n'étaient enseignées dans la 8e classe (la plus haute) qu'aux élèves jugés capables de ces études. Le dessin linéaire, commencé, abandonné, puis repris et laissé de côté tour à tour, ne fut définitivement adopté qu'en 1825.

Les facultés étaient les mêmes à l'École des filles ; seulement le dessin linéaire était remplacé par le travail à l'aiguille.

Les deux écoles étaient ouvertes tous les jours, sauf les samedis et les fêtes, pendant lesquels, néanmoins, le professeur exposait aux garçons réunis dans leur local le sommaire des chapitres du Pentateuque lus au Temple. Cela durait une heure environ. Les classes chômaient également les jours de fête nationale.

Il y avait classe le dimanche [1], et il ne paraît pas que pendant de longues années il y ait eu des vacances [2].

ressantes personnes : ce sont des femmes. Or la modestie dans le sexe aimable est un sentiment si délicat que la moindre louange adressée en public suffirait pour alarmer en elles ce sentiment. » — Cet adjoint fit, dans ce discours, plus de quarante citations latines, évangéliques et bibliques.

[1] Le Comité sera invité à ne plus accorder de congé eux enfants de l'école le dimanche de préférence à un autre jour (12 avril 1830).

[2] Ce qui permet de l'affirmer, c'est que les procès-verbaux sont complètement muets sur tout ce qui touche aux vacances : date et

Les « exercices » avaient lieu de 9 heures du matin à midi, et d'une à 4 heures, en hiver, — en été, de 2 à 5 heures.

Le temps était distribué mathématiquement [1] : l'appel et la prière devaient durer 5 minutes ; la lecture hébraïque [2] et la traduction de la Bible, 45 ; l' « écriture française », 40 ; la lecture française, 45 ; le calcul, 40 ; et la prière et la sortie, 5. En tout trois heures.

Telle était, le matin, la répartition du temps. La division en était la même le soir. Toutefois le calcul était remplacé, deux fois la semaine, par l'instruction religieuse.

La discipline était très rigoureuse. Du reste, les élèves professaient pour leur maître un respect et pour

durée ou rentrée des classes. En outre la correspondance entre le professeur et le Comité sur les questions qui intéressent l'École n'est pas un instant suspendue. Enfin, les distributions de prix étaient fixées à une époque où, depuis longtemps aujourd'hui, les classes sont rouvertes. Ainsi, en 1820, cette cérémonie a lieu le 31 octobre ; en 1821, le 8 novembre ; en 1822, le 21 novembre ; en 1824 ; le 17 décembre ; en 1825, le 18 novembre ; en 1826, le 15 novembre, etc., etc.

[1] On récitait par cœur, avant la leçon, une prière en hébreu, qu'on répétait en français, à la fin de la classe.

[2] La question de la prononciation de l'hébreu donna lieu, en 1820, à un débat considérable et prolongé entre le Comité de l'École, le Consistoire et M. Drach. Des arrêtés furent rendus, puis retirés. — Devait-on adopter la prononciation orientale, ou la prononciation allemande ? L'adoption de la prononciation orientale souleva des tempêtes dans les familles de rite allemand ; elle était devenue « une pomme de discorde ». D'autre part, la prononciation allemande était rejetée comme vicieuse. Ne pouvant les admettre toutes deux, on prit une mesure bâtarde : prononciation allemande pour l'école primaire — et prononciation orientale pour l'école secondaire — qu'il s'agissait de créer. Le rapport que M. Drach fit à ce sujet dit par quelles phases passa cette affaire, qui menaça un instant de jeter le désordre, le trouble et le désarroi dans la Communauté. La plupart des moniteurs quittèrent l'école. Des parents qui s'apprêtaient à y envoyer leurs enfants revinrent sur leur projet. Il y eut des désertions en masse. L'adoption des conclusions du rapport calma cette effervescence.

le moniteur général une estime qui faisaient que les écoles étaient tenues à la satisfaction de tous.

Les récompenses consistaient en bonnes notes hebdomadaires payées en espèces; en croix d'honneur délivrées chaque semaine; en l'inscription sur un tableau exposé en public; et, outre la distribution des prix, en « divertissements généraux » donnés à l'occasion des examens semestriels.

Les punitions principales étaient l'*écriteau* et la *prison;* mais le Comité était humain et il avait demandé pour cachot un local « à la fois sain, aéré et convenable à cet emploi ». Du reste, « les châtiments corporels » étaient sévèrement interdits.

Les distributions de prix avaient lieu en même temps et dans le même local pour les garçons et pour les filles. Elles se firent d'abord rue Neuve-Saint-Laurent, puis à la salle Molière, plus tard au Tivoli-Wauxhall, et enfin à la salle Saint-Jean, à l'Hôtel-de-Ville. Deux discours y étaient prononcés, l'un par le représentant de l'autorité qui présidait, l'autre par le Président du Comité de surveillance. Les procès-verbaux de ces cérémonies furent publiés séparément jusqu'en 1829 [1].

A ces procès-verbaux étaient joints les discours et la liste des prix. On y faisait aussi, chaque année, un rapport sur la situation pécuniaire des écoles. Il en résulte que, en 1820, les frais d'écolage pour chaque élève revenait à 3 francs par mois ; en 1824, à 3 fr. 24; en 1825, à 2 fr. 17; en 1826, à 3 fr. 30; en 1827, à 3 fr. 60; en 1829, à 2 fr. 69; etc. [2].

[1] Quelques-uns existent à la bibliothèque de l'Alliance israélite. Nous devons à l'obligeance de M. Isidore Loeb d'en avoir pu prendre connaissance.

[2] La dépense avait été, pour 1824, de 3,883 fr. 10 c.; pour 1825,

En 1824, pour une centaine d'enfants, on décerna 31 prix et 50 accessits; en 1825, 26 prix et 26 accessits ; en 1826, 27 prix et 50 accessits. Nous retrouvons parmi les élèves couronnés dans cette période quelques noms qui ne sont pas inconnus aujourd'hui dans la Communauté : les Michel Lévy, Paul Oppenheim, Armand Dorville, Edouard Lévy, Henri Picart, Calmann-Lévy et Lazare Wogue, dont le Comité dira : « L'élève Lazare Wogue, âgé de neuf ans, est supérieur à tous ses condisciples sous tous les rapports. Le professeur lui enseigne le latin hors de l'école; il est d'une force de cinquième »; tous ces élèves — et combien d'autres encore ! – ont eu à cœur, eux aussi, de coopérer plus tard à l'œuvre de moralisation dont ils avaient si bien profité dans leur enfance. Ils ont fait honneur à la communauté et témoignent des efforts que l'administration consistoriale avait faits pour l'instruction de la classe peu aisée des Israélites [1].

Nous aurons signalé les faits intéressants des an-

de 3,254 fr. 76 c., grâce à la générosité de M. de Rothschild qui avait pris à sa charge les dépenses de l'habillement; en 1826, la dépense s'élève à 3,634 fr. 20 c. — Voici quels étaient les chapitres ordinaires des dépenses : 1° appointements du professeur ; 2° au même, la moitié de la rétribution des élèves payants; 3° appointements du professeur adjoint; 4° salaire du garçon de bureau; 5° location d'une salle pour la distribution des prix, décoration, prix, impressions, etc., 6° livres d'étude, bonnes notes, fournitures, frais de bureau, bois de chauffage et dépenses diverses; 7° salaire et gratification au portier. — La dépense de la location d'une salle était partagée par tiers, entre le Comité de surveillance, la réunion des Dames et la Société des Amis du Travail dont les apprentis prenaient part à cette cérémonie.

[1] A part quelques rares lettres, nous avons fort peu de documents sur la réunion des Dames et leur école, les « Protectrices » les gardant par devers elles. Il en résulte que, pour suivre cet établissement dans sa marche, nous sommes obligé de recueillir par ci, par là, quelque note pouvant donner un renseignement utile sur l'institution. Le Con-

nées que nous venons de parcourir si nous mentionnons les efforts du Comité pour établir une école secondaire. Il lui semblait que son œuvre ne serait pas parfaite aussi longtemps qu'il n'aurait pas pourvu à l'organisation d'une classe où les jeunes gens auraient reçu le complément naturel de leurs études élémentaires. Déjà, dans un rapport daté du 12 juillet 1820, le Comité comptait ce projet au nombre des propositions qu'il se promettait de soumettre au Consistoire; en 1824, cette idée ayant pris corps, le vœu était émis dans le rapport lu à la distribution des prix; en 1825, le Comité réitérait le même vœu dans les mêmes termes, et, vu l'état toujours précaire de ses ressources, il proposait au Consistoire de placer à l'institution de M. Sauphar — celui-là même qui se plaignait que le Comité lui enlevât ses élèves — moyennant rémunération, les élèves que leurs aptitudes auraient signalés à son attention.

Le Consistoire, bien qu'il fût « nouvellement placé au timon des affaires » et qu' « il n'en tînt pas encore

sistoire s'en montrait justement froissé et le Comité de surveillance disait, à ce sujet, en 1827 : « Comme le Comité des Dames fait tout son possible pour n'avoir pas besoin de notre sollicitude, nous ne pouvons que former des vœux pour la prospérité de son établissement. » — Il résulte d'un rapport présenté, en 1826, à la distribution des prix, par le Comité de surveillance, que l'école des filles comptait à cette époque (novembre 1826) 70 élèves que dirigeaient Mlle Mayermax et Mlle Flore Dreyfus, monitrice générale. Le Consistoire continuait à pourvoir, en partie, aux dépenses décidées par les Dames. « L'école renferme beaucoup de sujets remarquables dans toutes les branches d'instruction et plusieurs excellent dans les travaux à l'aiguille. » On y constatait enfin dans ce rapport qu'une salle plus spacieuse était indispensable et que 50 jeunes filles de plus pourraient recevoir l'instruction sans beaucoup ajouter aux dépenses; et la question était renvoyée au Consistoire, les Dames ayant peu de moyens d'augmenter leurs ressources.

les rênes d'une main affermie » avait appelé la sollicitude des Notables sur cette grave question. Dans un rapport en date du 28 décembre 1826, ils constataient l'impossibilité où les mettait l'insuffisance de leur budget de créer une école secondaire[1]. Animés d'un esprit libéral et éclairé, ils ne pouvaient cependant oublier que « les Mendelsohn, les Horvitz, les Ensheim, etc., étaient sortis de dessous le toit de l'indigence[2] », et, dans l'espoir que l'école pourrait produire des hommes

[1] La Commission, chargée d'examiner cette question, était composée de MM. Th. Cerfberr, Ph. Simon et Dr Cahen. « L'instruction de la jeunesse, disaient-ils, peut et doit être uniforme dans la classe aisée de la société; elle est le principal élément de sa destination future, soit dans la carrière civile, soit dans la carrière militaire, et sans elle, l'homme le plus opulent ne jouira d'aucune considération dans le monde civilisé. Il n'en est pas de même de la classe indigente : celle-ci est vouée aux professions laborieuses, et l'instruction primaire doit lui suffire. Si elle est plus étendue, le cordonnier comme le tailleur, le charpentier comme le serrurier, se trouveraient placés sur un échelon inférieur à leur éducation et seraient mécontents de leur position dans l'ordre social. » Tel était l'un des motifs pour lesquels on concluait au rejet de la fondation d'une école secondaire.

[2] Cette sorte d'évocation a été renouvelée depuis, à l'occasion de la distribution des prix en 1827, par le représentant de l'autorité qui — dans un discours qui ne compte pas moins de huit cents lignes — se défendait de regarder les Français israélites comme dépourvus d'instruction. « A Dieu ne plaise ! disait-il... On rappellerait à ma mémoire » les Anspach, les Lambert, les Oulif, les Crémieux, les Terquem, » les Levi, les Cahen, littérateurs, avocats, médecins, savants ou pro» fesseurs distingués... » Et, en effet, il résulte de la *Notice sur l'état des Israélites en France*, par Eugène Coquebert de Montbret (Paris, imprimerie Pillet aîné, 1821), que les notabilités juives étaient en nombre relativement considérable à cette époque. Des savants et des hommes de lettres, des négociants, des banquiers, des manufacturiers, des propriétaires, des jurisconsultes, des artistes, des officiers supérieurs (entre autres, le général baron Wolff, maréchal de camp), des maires, des adjoints, des Conseillers généraux, municipaux, ou d'arrondissement, etc., etc., composaient l'avant-garde de la population israélite en France.

de cette valeur, ils décidèrent de porter au budget une somme de 800 francs, qui permettrait de placer dans un établissement d'instruction secondaire les élèves qui en seraient jugés dignes [1]; mais, par décision en date du 9 août 1827, le ministre de l'intérieur la supprima, parce qu'il convenait d'apporter des économies dans l'administration, afin de réduire la dette que le Consistoire avait contractée pour la construction du Temple.

L'Administration consistoriale, persistant néanmoins dans son désir de donner « une instruction plus étendue » aux élèves « qui s'en rendraient dignes » par leur progrès et leur aptitude, M. le professeur Cahen, d'accord avec le Comité de surveillance, ouvrit une classe d'enseignement secondaire, le soir, dans le local de l'école. Ces cours, d'abord fort exactement suivis, furent peu à peu abandonnés : ils durèrent à peine six mois. En 1829, une classe de moniteurs fut de nouveau créée; mais, le 17 septembre 1833, le Consistoire, considérant que cette sorte d'école secondaire nuisait à l'école primaire, en décida la suppression. M. Cahen reprit la direction de l'école primaire, dont la surveillance avait été confiée à un moniteur général, et on lui adjoignit M. Trèves.

[1] C'est dans l'assemblée des notables où ce rapport fut communiqué que l'on agita, pour la première fois, en faveur de nos coreligionnaires malheureux, la question de « l'érection d'un hospice

« Où la tendre pitié, pour adoucir leurs peines,
» Joint les secours divins aux charités humaines. »

Suivait un tableau de « l'état affligeant et misérable de l'indigent malade » au sujet duquel le rapporteur s'écriait : « Tirons le rideau de la pitié sur un spectacle aussi profondément douloureux ». Une Commission fut nommée pour dresser un plan d'organisation. Mais elle n'aboutit à rien.

Sur ces entrefaites, le chevalier de Cologna, grand rabbin du Consistoire central [1], donna (décembre 1826) sa démission de membre et président du comité de surveillance pour retourner en Italie où il était né. Le Judaïsme français perdait en lui un homme d'une droiture exemplaire, d'une intelligence très vive et d'un dévouement absolu aux intérêts de son culte. Pour les écoles, cette perte était plus sensible encore. Pendant sept ans, il s'était consacré avec un zèle admirable à l'organisation des établissements scolaires, et on ne peut mettre en doute que, sous son impulsion, ils prirent un essor tel qu'ils s'acquirent la sympathie et l'estime de l'autorité. Le Comité avait donc raison de dire, dans la lettre d'adieux qu'il adressa, le 7 décembre 1826, au chevalier de Cologna, que la génération qui s'élevait ne prononcerait son nom qu'avec la plus profonde vénération.

Sous sa présidence, le Comité des écoles avait tenu *deux cent neuf* séances, et il n'en est pas une à laquelle M. de Cologna eût manqué. Cela seul suffirait à l'éloge de cet homme de bien.

Le docteur Cahen [2], membre du comité, fut désigné

[1] Abraham de Cologna, précédemment assesseur du grand Sanhedrin, était chevalier de la Couronne de fer. Ancien membre du collège électoral des savants du royaume d'Italie, auteur de poésies hébraïques, de discours religieux en français et de quelques écrits sur des sujets de théologie juive, il était né à Mantoue en 1755, mais naturalisé français. En 1806, il fut appelé à Paris comme « membre ecclésiastique » des notables israélites convoqués par Napoléon. Il fut nommé, en 1808, l'un des trois grands rabbins du Consistoire central et, en 1812, président, fonctions qu'il remplit jusqu'en 1826. Il quitta alors Paris pour remplir celles de premier rabbin à Trieste, où il mourut en 1832.

[2] Dès la création de l'école, le Dr Cahen fut désigné comme médecin de l'établissement. Il remplit ces fonctions gratuitement. Il ne faisait pas alors partie du Comité.

Le président du Comité fut, à partir de 1830, nommé directement

dans la séance du 11 janvier 1827 pour le remplacer.

La tâche continuait à être lourde. En effet, les écoles étaient combles. Les demandes d'admission affluaient, et il était impossible de les accueillir, car 98 garçons se mouvaient difficilement déjà dans les pièces étroites qu'ils occupaient dans la maison du Temple.

La question devenait très urgente de nouveau. On voulut d'abord créer au centre de la population juive une salle d'asile pour « la première enfance ». Un autre membre du Comité conçut le projet de faire bâtir une maison « à l'enclos du Temple » et de destiner un corps du bâtiment à la construction d'une école consistoriale. Ce projet n'eut pas de suite. On loua enfin, rue de Paradis, n° 3, moyennant un loyer annuel de 900 francs, « une vaste salle basse, élevée sur la cour à droite, à l'entrée de la porte cochère, ayant fenêtres sur la cour, et à laquelle on parvient par plusieurs marches sur le palier, au pied de l'escalier ; plus une autre petite salle y attenant, éclairée par deux petites fenêtres, la jouissance en commun avec les autres locataires de la cour et des lieux d'aisance... » Par sa délibération en date du 12 mai 1829, le Consistoire approuva la passation du bail. On quitta de nouveau la rue Neuve-Saint-Laurent, et le 25 juillet, attendu qu'il ne s'agissait que d'une simple translation, on procéda « en famille, sans bruit », à l'inauguration du nouveau local [1].

140 élèves y furent admis au renouvellement de

par le Consistoire qui déléguait un de ses membres à la tête des administrations placées sous son autorité.

[1] Le registre des procès-verbaux du Comité de surveillance s'arrête au 5 novembre 1829, et son registre de copies de lettres au 6 novembre.

l'année scolaire : il y avait de la place pour 200 enfants [1].

L'établissement de l'école des filles devenait également trop étroit. Le Consistoire se souciait de cet état de choses [2] ; mais, devant l'impossibilité où on était de trouver un local suffisant, il obtint du ministre une allocation de 300 francs pour contribuer à l'agrandissement du local de la rue de la Croix. Les changements introduits [3] devaient permettre de recevoir une cinquantaine d'élèves de plus. A la fin du mois de mars 1830, l'école fut momentanément fermée. Elle ne rouvrit que le 26 avril. Trente nouvelles élèves furent admises.

[1] Les dépenses pour les réparations et les constructions dans le nouveau local s'élevèrent à 2,736 francs.

[2] A ce moment même, les Dames protectrices, passant par dessus le Consistoire, écrivaient directement au ministre pour solliciter un secours. Le Consistoire central et le Consistoire de Paris, blessés, exprimèrent leur mécontentement de « cet excès de zèle *irréfléchi* ». Les Dames répliquèrent : « Nous sommes toutes mères de famille; plusieurs d'entre nous ont déjà passé l'âge de l'irréflexion », et elles ajoutaient : « Toute l'année vous êtes dans la nécessité de faire des demandes fréquentes aux autorités, et ce qui, peut-être, ne serait pas convenable pour des corps administratifs comme les Consistoires, peut, sans inconvénient, être tenté par une Société de Dames bienfaisantes qui ne doivent point oublier qu'un des plus doux privilèges de leur sexe est d'émouvoir plus facilement la compassion et d'intéresser plus promptement les cœurs. »

Les Dames abusaient ainsi des immunités qu'en 1821 le Consistoire avait consenti à leur laisser prendre. Elles se conférèrent un pouvoir extraordinaire que les Consistoires ultérieurs eurent une très grande peine à réduire. Le ministre dut intervenir. Cela donna lieu à une correspondance volumineuse, et en 1833 seulement, à la suite d'une audience accordée au Consistoire, après un interminable rapport que celui-ci adressa au ministre, les Dames furent obligées de se soumettre à l'autorité consistoriale.

[3] Le bail portait : «... Le sieur Frichot reconnaît avoir loué à la Réunion des Dames protectrices pour neuf années consécutives à partir du 1er avril 1830... un rez-de-chaussée ouvrant d'un côté sur la cour

V

LE CULTE ISRAÉLITE PAYÉ PAR LE BUDGET DE L'ÉTAT. — ORDONNANCE DU 16 OCTOBRE 1830. — COMMUNALISATION DE L'ÉCOLE DE GARÇONS ET DE L'ÉCOLE DE FILLES. — L'ÉCOLE DES GARÇONS DE NOUVEAU RUE NEUVE-SAINT-LAURENT.

Nous voici arrivés à l'année 1830. Une nouvelle ère va s'ouvrir pour le culte israélite.

Jusqu'à cette époque les frais du culte restaient à la charge des communautés. Une assemblée de notables, convoquée par le Consistoire, arrêtait annuellement, suivant les besoins du moment, la somme générale des impositions et les répartissait entre les membres de la Communauté, au prorata des fortunes individuelles — une sorte d'impôt sur le capital. Cette répartition était une source croissante de difficultés et d'embarras auxquels l'administration consistoriale ne pouvait se soustraire, puisque ces contributions constituaient le seul revenu légal nécessaire à l'entretien du culte.

Le budget consistorial fixait, tous les ans, pour chaque institution, l'allocation qu'arrêtait l'assemblée des

et de l'autre au pied du grand escalier de la maison, également sur la cour, ayant quatre croisées sur la cour et renfermant un cabinet vitré... Ledit rez-de-chaussée est loué à la Réunion des Dames protectrices afin d'y établir une école de jeunes filles et pour la somme de 800 francs par an, y compris l'impôt des portes et fenêtres et le sol par franc au portier. » Le propriétaire prit à ses frais toutes les réparations moyennant une augmentation de loyer de 110 francs par an.

Notables, et ce budget était soumis à l'approbation du ministre.

Les Israélites restaient donc en dehors du droit commun, bien que, au point de vue civique, ils eussent les mêmes charges que les autres citoyens français.

Ces impôts rentraient difficilement. Les plaintes et les réclamations affluaient au Consistoire, quoique, pour faciliter ces opérations, le recouvrement en fût confié à un receveur municipal. Des poursuites étaient intentées dans les formes légales, quand cela devenait nécessaire. Le préfet avait nommé (16 mai 1810) un huissier et un porteur de contraintes. Mais les retards dans les paiements, les adoucissements que le Consistoire se voyait obligé d'apporter à la fixation des taxes, laissaient toujours la caisse consistoriale dans une situation très précaire. Les institutions souffraient naturellement de cet état de choses; et, pour leur part, les écoles en étaient particulièrement victimes.

Il devenait évident que si la Ville ou le gouvernement ne venait pas, d'une manière fixe et régulière, au secours de ces deux établissements, ils risquaient fort de ne pouvoir se soutenir plus longtemps. Onze années d'efforts consécutifs, de sacrifices considérables, de dévouement sans bornes, pouvaient donc, suivant les dispositions de l'autorité, être perdues tout à coup. Le Consistoire put craindre un instant un si cruel résultat.

L'avènement de Louis-Philippe au trône avait modifié, dans un sens plus libéral, les sentiments du gouvernement. Le 26 novembre 1830, le Consistoire avait adressé une demande d'encouragement en faveur des écoles, et le préfet y répondait le 3 décembre en disant que la fondation d'écoles spéciales pour les différents cultes était la suite d'un « système d'intolérance » qui avait cessé, et que, si le Consistoire avait le désir de conserver des écoles spéciales, leur entretien ne saurait être classé parmi les dépenses municipales.

Ces idées nouvelles avaient, par leur imprévu, ce résultat grave de ruiner le système d'instruction primaire que les gouvernements précédents avaient basé sur la religion, et d'après lequel, confiant dans les lois, le Consistoire avait organisé ses deux écoles. Les projets du gouvernement pouvaient porter un coup fatal aux établissements scolaires israélites.

Cette situation critique se compliquait de ceci : la question s'agitait très sérieusement de faire payer le culte israélite par le budget de l'Etat. Au mois d'août 1830, MM. Viennet et de Rambuteau soutenaient la cause des Israélites à la Chambre des députés, et M. Michel Goudchaux, président du Consistoire, avait, dans ce but, fait des démarches auprès du duc d'Orléans, lieutenant-général du royaume, qui lui avait formellement promis de présenter une loi dans ce sens à la session qui devait suivre. Cette loi passa, en effet, le 8 février 1831 ; mais, si elle avait l'avantage d'alléger les frais du culte même, elle produisait ce résultat déplorable que, le budget de la communauté de Paris étant supprimé, les services autres que ceux désignés par la loi étaient menacés de la ruine [1].

[1] Les dépenses que l'Etat prenait à sa charge étaient les suivantes : 1° traitement du grand rabbin du Consistoire central et des grands rabbins des Consistoires départementaux ; 2° traitement des ministres officiants ; 3° secours aux Consistoires pour contribuer aux dépenses d'acquisition, de construction et de réparation des temples ; 4° traitement du directeur et des professeurs de l'école rabbinique ; 5° frais matériels pour entretien et nourriture des élèves de cette école, loyer, chauffage et éclairage.

Tel était le sort réservé aux écoles. Le Consistoire n'ayant plus de revenu légal fixe, ne pouvait établir de budget. Les ressources nécessaires à l'entretien de l'école des garçons allaient lui manquer. Il décida donc, dans sa séance du 5 décembre 1830, de demander de nouveau un secours à la préfecture, et, pour pourvoir momentanément au service de l'école [1], « d'emprunter pour cet établissement 300 francs de la caisse du Temple, et 300 francs de celle du Comité d'encouragement et de secours [2] ».

L'ordonnance royale du 16 octobre 1830 ne devait pas peu contribuer à augmenter les embarras de l'administration consistoriale. L'article 7 de cette ordonnance portait, en effet, qu'il serait fait par le conseil de l'instruction publique un règlement spécial pour l'organisation de comités chargés de surveiller et d'encourager les écoles primaires israélites. Le Consistoire de Paris souffrait visiblement de cette innovation, et au Consistoire central qui lui demandait quelques documents nécessaires à l'élaboration de ce règlement, il répondait en les communiquant : «... Tout ce que nous craignons, c'est que notre Comité de Paris ne se trouve organisé sans avoir d'établissement à diriger, car la situation financière de notre école est tellement précaire

[1] L'école des filles continuait à être entretenue tant bien que mal au moyen des quêtes faites par les Dames protectrices. Ses dépenses s'élevèrent, pour l'année 1830, à la somme de 5,059 francs. Il y avait, à cette époque, 130 élèves.

[2] Il convient de rappeler qu'alors les institutions consistoriales ne formaient pas comme aujourd'hui un groupe compact et cohérent, et que, quoique placées sous l'autorité du Consistoire, les administrations conservaient — financièrement — une situation indépendante qui rendait ces emprunts parfois délicats et exigeait qu'ils fussent faits avec une grande discrétion.

que nous ne savons, dès ce jour, comment nous subviendrons à ses besoins... (Lettre du 9 janvier 1831.) »

Le Consistoire triompha cependant des répugnances qu'il avait rencontrées. Le Préfet revint sur son premier sentiment relativement à l'institution de l'école et, sur sa proposition, le Conseil municipal vota, pour l'année 1831, une somme de 3,000 francs en faveur de l'école des garçons. Mais ce n'est qu'au mois de septembre 1832 qu'il se rendit aux vœux si légitimement tenaces du Consistoire, et qu'il alloua une subvention égale à l'école des filles.

Le budget des écoles continuant cependant à donner un excédant de dépenses, et les « dépenses diverses » menaçant chaque année d'un déficit, le Comité prit, au mois de décembre 1833, cette étrange décision « de réclamer de chaque père de famille cinq centimes par semaine pour chacun de ses enfants placés à l'école ». Cette curieuse innovation devait produire au bout d'un an une somme de trois cents francs qui servirait à payer « les crayons perdus, ardoises gâtées, vitres cassées... », etc., etc.

Cette mesure reçut tout au moins un commencement d'exécution, et M. le professeur Cahen perçut, en 1834, pendant le mois de janvier, le somme de 21 francs 40 de 107 élèves. Encore avait-il cru devoir dispenser 21 enfants de cette contribution, les uns à cause de leur pauvreté, les autres pour les récompenser de leur travail[1].

[1] Le professeur, tout en compatissant aux embarras pécuniaires du Consistoire, ne négligeait pas les intérêts de l'établissement; et il proposait, pour encourager les familles à envoyer leurs enfants à l'école, qu'on accordât « quelque prime aux *parens* dont les enfants se seraient le plus distingués pendant l'année par leur exactitude leur docilité et leur instruction ».

Le Consistoire se débattait ainsi au milieu de propositions bâtardes, de mesures dilatoires, d'embarras d'argent... Comment s'étonner après cela de la facilité avec laquelle il accepta l'important arrêté que le gouvernement rendait le 17 avril 1832, établissant les Comités spéciaux chargés de la surveillance des écoles primaires israélites? La question financière seule[1] peut expliquer un semblable laisser-faire et excuser la lassitude de l'administration consistoriale qui, en désespoir de cause, se rattachait à tout ce qui paraissait pouvoir contribuer au relèvement de ses établissements scolaires. Le Consistoire craignait peut-être aussi, dans la situation critique où il se trouvait, de perdre, en refusant ce présent d'Artaxercès, le fruit de tant de travaux et de si laborieux efforts.

Le Ministre de l'Instruction publique et le Préfet se réjouissaient, il est vrai, de cette organisation qui, selon eux, devait aider au développement de l'instruction parmi les enfants israélites, mais à notre point de vue spécial, les résultats furent bien plutôt défavorables. L'organisation de ces Comités créait, en effet,

[1] Un fait singulier qui vient à l'appui de notre hypothèse et dont rien autre ne peut nous expliquer la raison eut lieu à cette époque : le 28 mai 1832, l'école fut *rouverte*. Or aucun document d'aucune sorte n'indique ni pourquoi ni combien de temps l'école des garçons fut fermée. Cette phrase de l'avis qui fut publié pour annoncer la réouverture permet seule de supposer que cette mesure fut dictée par des difficultés financières. « Le Consistoire a pris des mesures pour que cette école, citée pendant longtemps comme un des modèles des établissements de cette nature à Paris, ne démérite point de la réputation qu'elle a acquise, et pour lui donner de nouveau le développement qu'on en avait espéré dans l'origine mais que des événements imprévus avaient forcé d'arrêter. Les efforts du Consistoire et du Comité qui dirige cette institution ont surmonté les obstacles qui s'opposaient encore à sa prospérité et tout donne lieu d'espérer que le succès est désormais assuré. »

au Consistoire, une situation très fausse. Toutes les dépenses d'entretien restaient à sa charge ; son autorité était plus nominale que réelle, et le Comité cantonal, bien que composé, en majeure partie, des membres du Comité consistorial, jaloux de son indépendance vis-à-vis du Consistoire, ne se faisait pas faute de le faire sentir[1]. Le Consistoire se voyait reprocher d'outrepasser ses droits, de prendre des arrêtés concernant les écoles sans avoir obtenu l'assentiment du Comité et de ne pas observer suffisamment « la marche hiérarchique ». Il fallut règlementer les rapports entre ces deux administrations pour éviter le désarroi que ces conflits d'attribution commençaient à jeter dans la direction des établissements scolaires.

Pour sortir de cette situation équivoque, le Consistoire songea à faire communaliser ces écoles. Le 20 août 1833, il en adressa la demande au Préfet de la Seine[2]. Il se fondait sur le paragraphe 2 de l'article 9 de la

[1] Ce comité cantonal était composé de 12 membres : 1° le maire du 6e arrondissement ; 2° M. le Dr Cahen, président du Consistoire ; 3° M. Marchand-Ennery, grand rabbin de la circonscription ; — qui en faisaient partie de droit. Les autres membres furent choisis sur une liste double présentée par le Consistoire et dont voici les noms : MM. G. Baruch Weill aîné, Buding, Dalsace, Edmond Halphen, Philippe Simon, E. Brandon, J.-S. Polack, Adolphe Hesse, L. Goudchaux, Isaïe Berr, Henri Marcus, Ed.-S. Dalmbert, L. Tréfousse, Jacob Abraham, Nathan Mayer, Daniel Polack. Ce comité se constitua le 25 octobre 1832.

La composition de ce comité pourrait faire douter de l'exactitude de nos assertions sur les rapports qui existèrent entre le Consistoire et lui. Ces assertio[illegible]ndant sont hors de conteste, et il faut bien supposer que l'in[illegible] Dr Cahen et de M. Marchand Ennery n'était pas suffisan[illegible] adoucir l'amertume de certaines observations.

[2] M. de Rambuteau.

loi sur l'instruction primaire qui portait que « dans le cas où les circonstances locales le permettront, le Ministre de l'Instruction publique pourra, après avoir entendu le Conseil municipal, autoriser à titre d'écoles communales des écoles plus particulièrement affectées à l'un des cultes reconnus par l'Etat[1] ».

Soumise, le 4 avril 1834, à l'approbation du conseil municipal, renvoyée, le 30 mars 1835, à « la commission chargée de préparer un rapport général sur l'ensemble de tous les besoins de l'Instruction primaire », accueillie, le 31 août 1835, par un avis favorable du comité central d'instruction primaire, cette proposition ne fut adoptée que le 20 janvier 1836 par le Ministre qui, par arrêté en date de ce jour, érigea en écoles communales spéciales les deux écoles « primaires gratuites israélites » subventionnées par la Ville de Paris[2].

Enfin le Consistoire touchait au but. Il recevait le

[1] A ce moment l'école des garçons comptait 143 élèves, et celle des jeunes filles 144. D'après un rapport sur la situation des écoles en 1835, 54 garçons et 35 jeunes filles allaient quitter l'école pour être mis en apprentissage.

Le chant avait été introduit depuis six mois dans les écoles, et le succès en était grand : « Ce succès, dit un rapport, est dû, en très grande partie, au jeune professeur M. Médéric Dreyfous, qui dirige les exercices avec autant de soin que de talent. » C'est M. Léon Mayer, ancien élève de l'école, qui, quelques années après, fut appelé à lui succéder.

Le chant avait été introduit déjà en 1821 ; mais l'enseignement n'avait pas duré.

[2] Dès que l'école des garçons fut communalisée, M. le professeur Samuel Cahen donna sa démission : « Le Comité de l'école israélite m'a annoncé, écrivait-il, que cette école doit être sur le pied des autres écoles de Paris, n'avoir qu'un seul maître et être ouverte neuf heures par jour... Mes occupations ne me permettant pas de souscrire à ces nouvelles conditions, je me suis vu obligé de donner ma démission... mais, Messieurs, ce n'est pas seulement pour vous donner communi-

prix de ses pénibles efforts. Ces écoles allaient donc être défrayées sur le Budget municipal comme toutes les autres écoles communales, et recevoir l'extension que, faute de ressources, on n'avait pu leur donner jusqu'alors. Mais cette perspective s'évanouit du jour au lendemain, et le Consistoire se retrouva en présence d'obstacles que la déception de ses espérances rendait plus difficiles à vaincre.

Comptant, non sans raison, que la Ville, en communalisant ces écoles dont l'entretien lui avait coûté tant de sacrifices, allait en prendre un souci réel et constant, le Consistoire avait, le 1er avril 1837, donné congé du local de l'école des garçons dont le bail, rue de Paradis, n° 3, au Marais, expirait au mois d'octobre de la même année. Cette décision, un peu précipitée peut-être, fut pour l'administration consistoriale une nou-

cation de cette circonstance que je prends la liberté de vous écrire la présente; c'est encore pour vous assurer que le Consistoire pourra toujours compter sur moi quand il croira que l'expérience que j'ai pu acquérir en treize ans peut être de quelque utilité à l'Ecole à laquelle je ne cesserai de m'intéresser vivement... »

Grâce, en effet, au zèle, à l'ardeur, au dévouement de M. Cahen, les progrès de l'Ecole avaient été considérables. Il s'était acquis l'estime et la sympathie de tous, et il venait de recevoir une médaille d'argent comme prix de son dévouement et de ses efforts. Son départ était une perte pour l'école qu'il dirigeait depuis 1823.

Appelé plus tard à faire partie du Comité des Ecoles, puis du Comité de bienfaisance, il consacra son expérience au bien et à l'amélioration de nos établissements scolaires. — Il avait fait une traduction de la Bible, et il fonda le journal *Archives israélites*.

Une particularité curieuse et qui dénote la paternelle bienveillance qui régnait alors à l'Ecole, c'est que les leçons d'écriture étaient données par Mme Samuel Cahen. Elle réunissait même chez elle les élèves qui paraissaient doués des meilleures dispositions. Quelques-uns d'entre eux en ont gardé le souvenir.

M. S. Trèves, qui succéda à M. Cahen, fut officiellement nommé en octobre 1836.

velle source de difficultés et de dépenses. En effet, malgré l'avis qu'elle en donna, dès 1837, à la Préfecture, ce ne fut que le 23 avril 1838 que le Préfet y répondit en exprimant « ses regrets de cet état de choses », et en priant le Consistoire de « redoubler d'efforts et de persévérance » afin de trouver un autre emplacement. L'école se trouvait de nouveau sans domicile.

Les efforts de l'Administration furent vains et, pour la troisième fois, on dut disposer, pour recevoir l'école des garçons [1], le local de la rue Neuve-Saint-Laurent qui, en 1829, pouvait à peine contenir cent élèves, et où maintenant il allait s'en présenter environ cent cinquante. Il fallut refuser à un tiers d'entre eux l'entrée de ce local provisoire qui, ainsi que tout ce qui est regardé comme tel, devait durer indéfiniment.

Le 26 juin 1838, le Consistoire installa M. Trèves et l'école [2] dans la maison du Temple où il fit, à cet effet, disposer trois pièces dont l'une était absolument séparée des autres, ce qui exigea l'adjonction d'un maître [3]. M. Trèves, satisfait de voir une centaine d'enfants « arrachés à l'oisiveté et rendus à l'instruction »

[1] Le bail de l'école des jeunes filles expirait le 1er avril 1839. Il fut dénoncé régulièrement le 1er octobre 1838. Mais devant les difficultés que semblait susciter l'administration préfectorale ou qui ne l'émouvaient guère, on dut revenir sur cette décision. L'École des filles resta rue de la Croix jusqu'à sa translation au local de la Ville.

On remarquera, à ce propos, que le Consistoire ne paraissait avoir d'inquiétude que pour l'école des garçons. L'école de la rue de la Croix était, en effet, suffisamment spacieuse pour les besoins du moment et on pouvait patiemment attendre une organisation meilleure. Tout autre était la situation de l'école des garçons qui se trouvait dans des conditions déplorables et dont le désarroi était complet.

[2] L'école resta fermée pendant deux mois environ.

[3] C'était un nommé Wolff. Malheureux, malade, bientôt il multipliera sans répit ses demandes de secours au Consistoire; puis, trop

témoigna sa reconnaissance de cette installation : il ne demanda qu'une fontaine, « seul meuble qui manque ». Ce logis devint bientôt insuffisant et, bien que le Consistoire eût mis la salle de ses réunions[1] à la disposition de l'école, celle-ci se trouvait dans un état si déplorable que, dans une lettre au Préfet, il écrivait qu'elle n'existait plus pour ainsi dire que de nom[2].

Les écoles étaient communalisées depuis cinq ans[3] !

faible pour faire la classe, il demandera, au moment de la translation de l'école dans le local de la ville, d'être nommé concierge de l'établissement.

[1] L'école fut placée, non plus au premier, mais au deuxième étage de la maison de la rue Neuve-Saint-Laurent. A partir de cette époque, le Consistoire se réunit chez son président, M. le Dr Cahen, 33, rue d'Hauteville.

[2] Lettre en date du 9 décembre 1840.

[3] C'est le 31 octobre 1841 que furent fondés « les cours publics et gratuits d'instruction religieuse et morale ». Ces cours, dont MM. Munk et Albert Cohn avaient offert de se charger, étaient divisés en deux classes pour les enfants de chaque sexe. Cette instruction comprenait l'enseignement de la religion, l'explication de la Bible et l'histoire des Israélites jusqu'à nos jours. — Ces cours avaient lieu le jeudi et le dimanche, de 2 à 4 heures, pour les garçons, rue Neuve-Saint-Laurent ; et pour les « demoiselles », le samedi, de midi à 1 heure, et le dimanche de 2 à 3 heures, rue de la Croix.

Le Consistoire décida également à cette époque, que, à dater des fêtes de Pâque 1842, il y aurait deux fois par an, aux fêtes de Pâque et à celles des Tabernacles, *Initiation religieuse* des enfants des deux sexes qui auraient atteint, les garçons, l'âge de treize ans, et les filles leur douzième année. Cette solennité était célébrée dans le Temple, le samedi de ces fêtes, après la prière de Minha. — Le 30 juin 1852, le Consistoire décida que l'Initiation aurait lieu invariablement, chaque année, le 1er jeudi après la fête de Schebouoth.

VI

LES ÉCOLES ISRAÉLITES AU MARCHÉ DES BLANCS-MANTEAUX. — ACTION DU COMITÉ DE SECOURS SUR LES ÉCOLES. — ENFANTS PLACÉS DANS LES ÉCOLES PRIVÉES. — L'ASILE DE LA RUE DES ÉCOUFFES. — LES ÉCOLES DE LA RUE DES ROSIERS.

Dans le but de mettre un terme à cet état de choses qui menaçait l'existence de l'école, on avait agité, dès 1840, le projet de construire des bâtiments spéciaux. Sur la demande du Consistoire, le Préfet en avait référé au Conseil municipal; mais, malgré de nombreuses démarches, la question restait stationnaire. Enfin, dans une audience que le comte de Rambuteau lui accorda, en juin 1843, le Consistoire comprit à quelles fins on en voulait venir.

Il ne s'agissait de rien moins, en effet, que de demander à la communauté de Paris une somme de 20,000 francs, et, sous le prétexte de la faire contribuer à la construction des établissements scolaires, de pourvoir en réalité aux frais d'édification de salles d'asile que le Consistoire n'avait pas demandées. « Une subvention de la part des Israélites, ajoutait la Préfecture, hâterait la décision du Conseil municipal » sur une solution si longtemps attendue. Le Consistoire s'y refusa d'abord énergiquement, protestant que « de souscrire à une condition de cette nature » ce serait

« compromettre l'égalité des droits que les lois assurent à tous les citoyens »; disant en outre, avec une légitime raison, que les « écoles étant reconnues écoles communales depuis 1830, cette position seule excluait naturellement toute pensée de mettre une partie des dépenses de leur construction » à la charge de ses coreligionnaires parisiens ; et qu'enfin « ces dépenses devaient être supportées par la Ville au même titre que celles qui concernent l'établissement des écoles catholiques et des écoles protestantes ».

Cette protestation était datée du 17 juillet 1843; mais le 10 décembre de la même année, revenant sur cette opinion que « la nécessité d'un semblable établissement (les salles d'asile) pour nos coreligionnaires spécialement ne se fait pas assez vivement sentir, quant à présent, pour qu'il doive insister sur la construction d'un local affecté à cet objet », s'inclinant devant cette même nécessité qu'il avait méconnue, le Consistoire, « mû par le désir de participer à l'accomplissement de cette œuvre philanthropique », fit savoir au Préfet qu'il avait « résolu de contribuer pour une somme de 20,000 francs » qu'il chercherait à « réaliser au moyen d'un emprunt. »

Dès lors, le Conseil municipal, par délibération en date du 7 juin 1844, approuve les plans des bâtiments[1] ; il vote les crédits nécessaires à l'exécution des travaux; par la même délibération, il *accepte le concours offert* par le Consistoire, exprimant le désir que la portion contributive de 20,000 francs fût versée à la Caisse municipale, à raison de 10,000 francs préala-

[1] Ces bâtiments furent élevés sur le terrain de la Boucherie des Blancs-Manteaux. L'école des garçons est située au n° 6 et l'école des filles au n° 10 de la rue des Hospitalières-Saint-Gervais.

blement à l'exécution des travaux, et de 10,000 francs après la réception des mêmes travaux, et le 26 juin 1844, le Préfet, se félicitant de pouvoir enfin satisfaire au vœu depuis si longtemps réitéré par le Consistoire, promet de « faire toutes les diligences nécessaires » pour hâter les constructions.

Le Consistoire, pour payer la contribution « exigée » par le Conseil municipal, ne pouvait songer à s'adresser à des tiers « en dehors de ses relations habituelles », car il était obligé d'affecter, jusqu'à la fin de l'année 1848, la totalité des revenus du Temple et la moitié du revenu des boucheries, à l'extinction des dettes contractées à l'époque de la construction de ce temple. Il se résigna donc à inviter le Comité de secours et d'encouragement, dont l'actif en caisse était d'environ 45,000 francs, à avancer immédiatement au Consistoire la somme de 10,000 francs, et à lui faire ultérieurement une avance de pareille somme. Le Consistoire s'obligeait, de son côté, à allouer annuellement à la Caisse des Pauvres « la somme représentative des intérêts à 5 0/0 l'an », et à lui rembourser le capital avancé à raison de 4,000 francs par année, à compter du 1er janvier 1849 [1]. Le Comité accueillit la demande du Consistoire et contribua même, pour une petite part, au présent considérable que réclamait la Ville de Paris.

Les constructions commencèrent en septembre 1845. Elles furent achevées et la réception en fut faite par l'architecte de l'Administration en décembre 1846 [2].

[1] Séance du 18 juillet 1844.

[2] Voici à ce sujet, l'arrêté pris par le préfet en date du 15 décembre :
« Vu le rapport en date du 1er décembre courant par lequel l'architecte des établissements scolaires nous annonce que les travaux de cons-

La date de la translation des écoles dans ces nouveaux locaux reste vague. Il n'y a aucune trace de cet événement dans les archives consistoriales. Le fait est étrange, mais indéniable. L'ouverture de l'école des garçons paraît avoir été faite en mai-juin 1846. Ce qui permet de croire à l'exactitude de cette date, c'est que, le 4 avril 1846, le Consistoire invitait M. le Grand-Rabbin à intervenir auprès du Comité central dont il était membre « pour que les travaux soient activés de manière à ce que cet utile établissement soit ouvert le plus tôt possible ». D'un autre côté, le 13 juillet de la même année, M. Naumbourg ayant demandé qu'on obtienne du Comité de surveillance « les exemptions nécessaires pour permettre aux élèves choristes de l'assister lors de la célébration des mariages », le Consistoire s'y refusa dans une certaine mesure, parce que « la translation de la nouvelle école communale israélite dans le nouveau local qui lui a été assigné apporte un empêchement à l'exécution de cette demande... » En outre, le 5 janvier 1847, le Comité de secours, qui avait provisoirement cédé à l'école des garçons le local de la rue Neuve-Saint-Laurent, où il tenait ses séances et où il faisait ses distributions aux pauvres, demanda que son ancienne salle de réunions

truction du bâtiment des écoles israélites sont terminés et reçus conformément aux devis primitivement approuvés et autorisés; considérant, en conséquence, qu'il y a lieu de la part du Consistoire de fournir le complément des 20,000 francs pour lesquels il a consenti à concourir dans la dépense de construction de la maison scolaire israélite; arrêtons : Le Consistoire israélite est invité à effectuer, etc.

Les constructions n'avaient été faites que pour un nombre limité d'enfants. Devant la progression constante des demandes d'admission, on dut, en mai 1874, élever de nouveaux bâtiments sur le terrain d'une annexe du marché des Blancs-Manteaux et accoté aux établissements scolaires déjà existants.

et de distributions fût remise à sa disposition, « l'école étant installée dans son nouveau local ».

L'école des filles ne fut transportée que bien plus tard au marché des Blancs-Manteaux. La date en est plus vague encore.

Le 23 septembre 1846, le Consistoire écrit au Préfet « pour obtenir l'autorisation de faire des prières et d'admettre des fidèles dans le local *vacant* destiné aux écoles israélites (marché des Blancs-Manteaux, *salle des Demoiselles*) ». Le 18 février 1847, dans une note adressée au Grand-Rabbin de Paris [1] pour lui communiquer la situation des écoles, le Consistoire dit : « Les

[1] Voici cette note sur l'état numérique des enfants qui fréquentaient ou demandaient à fréquenter les écoles à cette époque :

ÉCOLE DES GARÇONS :

Nombre admis	220
Inscrits pour être admis	42
Placés par le Comité et payés par lui	26
	288
Nombre présumable à admettre	50
	338
Lorsque le mobilier sera en place, l'Ecole pourra contenir	250
Insuffisance pour	88

ÉCOLE DES FILLES :

Nombre admis	122
Inscrites et à admettre	222
	344
Nombre présumable en plus	26
	370
La classe des filles pareille à celle des garçons	250
Insuffisance pour	120

« Quant à la salle d'asile il est probable que les deux sexes réunis donneront un ensemble de 300. »

demoiselles se trouvent encore dans l'ancien local de la rue de la Croix. » Enfin, le 3 août 1847, le Consistoire adresse au Préfet la même demande que le 23 septembre 1846. Il est donc présumable que l'école des filles ne fut transférée rue des Hospitalières qu'à la fin de l'année 1847.

Les asiles furent ouverts bien plus tard encore. On ne procéda, en effet, à la nomination des directrices qu'au mois d'août 1848. Ce n'est donc que vers cette époque apparemment que les classes maternelles commencèrent à fonctionner [1].

C'est à compter de 1846 que, sous la présidence de M. Benoît Cohen d'abord, et de M. Albert Cohn ensuite, se révéla l'action du Comité de secours [2] sur l'instruction des enfants de la classe indigente. La population juive allait s'accroissant avec une grande rapidité [3] et cela lui créait de sérieux devoirs. Il s'en acquitta avec un grand dévouement et il déploya dans cette tâche une activité dont ne le détournaient pas ses fonctions charitables [4].

[1] Madame Seider-Alexandre (Célestine) fut nommée directrice; Mme Meyer-Heine (Clara) fut nommée adjointe. Par suite de la mise à la retraite de Mme Seider-Alexandre, Mme Meyer fut nommée directrice en avril 1879.

[2] La création de l'institution des Commissaires de charité date du mois de novembre 1839. Les premiers furent pris parmi les présidents ou délégués des « Associations de secours ».

[3] Elle était de 6,000 âmes en 1821 et de 12,000 en 1842.

[4] Le Comité y eut d'autant plus d'honneur que la nouvelle mission dont il se chargeait ne lui faisait négliger en rien sa mission spéciale de charité. Il ouvrit, en effet, le 1er avril 1842, une maison de secours rue des Trois-Bornes, n° 26. On y reçut 1,400 malades dans un délai de 10 ans et 3 mois.

La maison fut fermée le 4 juillet 1852 et transférée à l'établissement que M. le baron James de Rothschild avait fait construire rue de Picpus, 76, et dont l'inauguration avait eu lieu le 28 mai 1852.

Quand le Comité de secours commença à s'occuper des écoles, une soixantaine de très jeunes enfants étaient recueillis dans une salle d'asile communale, rue de l'Homme-Armé. Cette situation présentait certains inconvénients, en raison de la religion de ces enfants qui, en les excluant des exercices généraux de piété, semblait établir entre eux et leurs camarades une fâcheuse ligne de démarcation; ils étaient, en outre, privés de toute instruction religieuse.

« Le Comité consistorial de la société israélite de secours et d'encouragement », frappé de cet état de choses, résolut, pour les surveiller de plus près, de les prendre à sa charge. Il en informa le Consistoire, le 8 janvier 1846, et il lui fit savoir qu'il les

La maison de retraite des vieillards fut inaugurée le 27 septembre 1853; la maison des Incurables fut ouverte en mai 1865.

Le Comité ne pouvant subvenir entièrement aux frais que nécessitait l'entretien de la maison de la rue des Trois-Bornes, fonda, en 1844, d'accord avec la Société de patronage des jeunes filles israélites (créée en 1842), l'œuvre de la loterie israélite. L'émission, d'abord de 15,000 billets, s'éleva progressivement. Elle est autorisée aujourd'hui à 125,000.

Avant l'organisation de la loterie, un bal de charité avait lieu tous les ans, pendant quelques années, à l'époque de Pourim, au profit de nos coreligionnaires malheureux, et le Comité de bienfaisance en acceptait parfois le patronage.

Déjà, en octobre 1827, une Commission spéciale nommée par le Consistoire avait examiné le moyen de créer un hôpital, mais les ressources manquant, on s'était arrêté à ce projet de fonder « dans les quartiers les plus propices » trois établissements de six lits à l'entretien desquels les *'Hebroth* devaient contribuer pour une bonne part. — Il y avait alors à Paris, 14 sociétés d'hommes et 7 de dames. Le projet ne fut pas exécuté.

Enfin, en 1839, le Comité de secours avait été sur le point de passer bail pour une maison située rue Projetée-du-Marché-Popincourt et destinée à recevoir des lits pour les malades indigents « de notre culte ». Avis en avait été donné au préfet de police; puis les choses restèrent en l'état, parce que cette maison n'avait ni jardin, ni porte de dégagement.

avait placés, « jusqu'à concurrence de 50 », à l'école privée du sieur Blum, rue Simon-le-Franc, n° 7, où l'instruction « religieuse et profane » leur était donnée. Le Consistoire, est-il besoin de le dire? approuva cette décision prise « dans l'intérêt de la religion et de l'humanité [1] ».

Mais les admissions dans les écoles communales se faisaient lentement, faute de places. L'école des garçons pouvait recevoir 234 élèves et elle en admettait 262. Il n'y avait à l'école des filles de place réelle que pour 236 enfants ; 250 étaient inscrites — et 98 attendaient. L'asile comptait 170 enfants présents, 227 inscrits et il y avait environ 300 demandes d'admission.

Le Comité dut aviser aux moyens de placer ce groupe compact d'enfants, exclus forcément des écoles du marché des Blancs-Manteaux. La section des Arts-et-Métiers et de l'Instruction se réunit [2], et, le 4 juillet 1850, sur le rapport de M. S. Cahen, ancien profes-

[1] Les frais d'écolage s'élevèrent de ce fait, tant à l'école de M. Blum que dans les institutions où les enfants furent placés ultérieurement :

Pour 1846	à 1,395 fr.	50 c.
1847	à 417	65
1848	à 1,068	»
1849	à 818	»
1850	à 625	25
1851	à 210	»
1853	à 4,027	30
1854	à 6,399	60

[2] « La section de l'instruction et des Arts-et-Métiers a, dans ses » attributions, le placement des enfants aux écoles et asiles, leur inspection, le placement des apprentis, l'habillement des enfants... » (Règlement intérieur du Comité de secours, 1849). La section était composée à cette époque, de MM. Isidor, Grand Rabbin de Paris, Albert Cohn, S. Cahen, Ad. Israel, Mosbach, Oulry jeune, Godchaux Weill.

seur de l'école des garçons, le Comité décida de procéder « à la création d'un dépôt supplémentaire pour les enfants de 2 à 6 ans et d'aviser au placement dans des établissements privés de ceux qui dépassaient cet âge. » Les dépenses annuelles d'entretien pour l'asile étaient évaluées à 3,500 francs, qui devaient être couvertes en partie par une allocation de 700 francs offerte par M. le baron de Rothschild et par une subvention de 600 francs accordée par la « Société de la Jeunesse israélite » que M. le Grand-Rabbin de Paris venait de fonder [1]. Le reste demeurait à la charge du Comité.

On arrêta, le 2 octobre 1850, un local situé rue des Ecouffes, n° 20. Il était composé d'une vaste salle basse pouvant contenir près de deux cents places, d'un préau et d'un petit logement pour la directrice. Le loyer en était de 600 francs par an. Mme Weill fut nommée directrice de cet asile, le 26 novembre 1850, et Mlle Cremnitz, adjointe [2], le 15 janvier 1851. L'inauguration eut lieu le 16 mars 1851.

Le Comité de secours s'occupa activement de placer dans des institutions libres les garçons et les filles que le défaut de place ne permettait pas de recevoir aux écoles communales. La sollicitude fut d'autant plus sérieusement appelée sur cet objet que M. le Dr Cahen fils, invité, en qualité d'inspecteur des écoles israélites, à visiter l'établissement dirigé par M. Blum, constata que cette maison ne remplissait pas les conditions d'hygiène et de propreté prescrites.

[1] Cette Société, d'où est sortie l'École de travail, s'occupait spécialement de placer les élèves de nos écoles en apprentissage (Voir page 180, note.)

[2] Démissionnaire le 28 octobre 1852, elle fut remplacée par Mlle Emma Simon.

Le Comité de secours en retira immédiatement les enfants qu'il y avait placés. Il diminua le nombre des admissions à l'asile de la rue des Ecouffes dont le local, suivant le recteur de l'Académie, laissait beaucoup à désirer, et il se mit sans désemparer en rapport avec des instituteurs privés pour leur confier un certain nombre d'enfants. Trente et une jeunes filles entrèrent en 1852, chez Mlles Hemardinquer et Worms, rue des Juifs ; vingt et un garçons furent admis chez M. Kahn, rue Portefoin ; soixante enfants qui n'avaient pu trouver place dans ces établissements furent répartis de différents côtés.

Malgré cela, l'asile continuait à réclamer toute la sollicitude du Comité. Cet établissement ne pouvait rester dans le local qu'il occupait sans compromettre la santé des enfants. On chercha un local plus convenable[1].

Sur ces entrefaites, M. le baron Salomon de Rothschild[2] mit, selon les pieuses intentions de Mme la baronne Salomon, une somme de 200,000 francs à la disposition du Comité de bienfaisance[3] pour fonder un orphelinat israélite à Paris.

[1] M. Albert Cohn venait d'être nommé, dans la séance du 17 mars 1853, président du Comité de secours. Il obtint 16 voix sur 20 votants.

[2] M. le baron Salomon de Rothschild était frère de M. le baron James de Rothschild.

[3] Par décision prise par le Consistoire en date du 14 février 1855, la dénomination de « Comité consistorial de la Société israélite de secours et d'encouragement » fut remplacée par celle de « Comité de bienfaisance israélite de Paris ».

Le Comité avait contribué à la création d'une « Société israélite des livres moraux et religieux » qui fut fondée à la fin de l'année 1852. Elle avait pour objet de provoquer la publication de livres qui n'existaient pas et de propager ceux qui existaient. Elle avait mis au concours « un traité de morale d'après la Bible et le Talmud » pour lequel

Le Comité accueillit, on se l'imagine, avec une profonde satisfaction la nouvelle de ce bienfait. Le nombre d'enfants qu'il plaçait dans les écoles privées s'était augmenté, en effet, dans des proportions considérables : de *cent* qu'il atteignait en 1853, il s'était élevé, en deux ans, à *deux cent cinquante-neuf*, et la dépense d'écolage atteignait, pour une année, la somme de *douze mille deux cent soixante-dix-neuf francs* [1].

On résolut de placer dans l'établissement qu'il s'agissait de créer des écoles et l'asile.

Le Consistoire approuva la réunion de l'orphelinat et des écoles [2]. Il fut question d'abord d'acheter une

elle devait décerner un prix de 1200 francs. Elle avait institué un prix de même valeur pour une « Histoire des Israélites depuis l'origine de ce peuple jusqu'à la destruction du second Temple » ; et enfin un prix de 2,000 francs pour un « Précis de l'histoire des Juifs depuis la destruction de Jérusalem jusqu'à nos jours ». Cette Société existait encore en 1861. Elle était connue sous le nom de *Société des Bons livres*.

[1] Ces deux cent cinquante-neuf enfants étaient répartis comme il suit : il y avait 149 garçons et 110 filles.

MM. Kahn, rue Portefoin, 94 garçons.
Lévy, rue Simon-le-Franc, 55 garçons.
MMes Worms, rue Pastourelle, 54 filles.
Lévy, rue Michel-Lecomte, 39 filles.
Bernheim, rue du Temple, 17 filles.

L'entretien de l'asile coûta, pour 1855, la somme de 4,074 francs.

[2] Au sujet de l'Orphelinat et des écoles, M. le baron James de Rothschild adressa au Consistoire, le 26 avril 1861, une lettre bien intéressante pour l'inviter à régulariser la situation de cet établissement dont le terrain avait été acheté au nom de M. le baron James de Rothschild, le Consistoire n'ayant pas eu qualité pour acquérir, et qui avait continué à rester la propriété apparente de la famille de Rothschild.

Il résulte de cette lettre qu'après avoir, une première fois, augmenté de 20,000 francs la somme offerte par le baron Salomon, la famille de Rothschild avait bien voulu donner une seconde fois 30,000 francs pour faire cesser les « regrettables contestations » qui s'étaient élevées

maison. Mais on changea d'avis et on construisit un bâtiment spécial. Les travaux avancèrent avec une grande rapidité et, le 28 janvier 1857 [1], le Comité de bienfaisance est tout heureux d'apprendre par M. Albert Cohn que « l'Orphelinat est terminé » [2].

L'inauguration de ce nouvel établissement, situé 4 *bis*, rue des Rosiers [3], eut lieu, en effet, le 30 juin

entre l'architecte et les délégués du Consistoire, à la suite de changements que, de son propre chef, M. Albert Cohn avait fait introduire dans les plans et devis, — ce dont il se défendit fort.

M. le baron de Rothschild exprimait en même temps la pensée qu' « il devait entrer dans les convenances du Consistoire de rétablir les choses dans l'état » où elles devaient être; mais pour diverses raisons qu'il est inutile d'énumérer, parce qu'elles n'intéressent pas le but que nous poursuivons, la maison de la rue des Rosiers est toujours restée la propriété de la famille de Rothschild.

[1] La Ville accorda, à partir de cette époque jusqu'en 1863, une allocation fixe de 3,000 francs pour aider à l'entretien de nos écoles; de 1853 à 1857, la subvention avait été de 2,000 francs. Elle fut de 20,000 francs jusqu'en 1870; et de 30,000 francs jusqu'en 1880 où tout concours fut supprimé.

[2] Par décision en date du 25 mars 1856, M. Kahn, secrétaire du Consistoire et Mme Kahn, directrice de l'École communale des filles, furent appelés par le Consistoire à la direction de l'Orphelinat. Mais choisis pour diriger l'hôpital de Rothschild, par intérim, ils n'entrèrent à l'Orphelinat qu'un an après. Ils donnèrent leur démission le 22 septembre 1859 et ils furent remplacés par M. le Rabbin Mayer et Mme Mayer.

Dans sa séance du 25 mars 1857, le Comité de bienfaisance avait pourvu, comme il suit, au personnel des écoles : *École des garçons :* M. Lévy, instituteur à Phalsbourg, directeur; M. Jourda, maître. — *École des filles :* Mme Rosenfeld, directrice; Mlle Golscheider, sous-maîtresse. — *Asile :* Mme Weil, directrice; Mme Alexandre, adjointe.

[3] Le Comité de l'établissement de l'internat dit *École de travail* qui, comme Société de patronage, « se préoccupait depuis longtemps de la nécessité de pourvoir à la direction morale des orphelins qu'il adopte et des apprentis qu'il se charge d'instruire », fut transféré dans ce local lorsque l'orphelinat et les écoles le laissèrent vacant. Le Comité de cette école, instituée en 1865, avait pris à bail, moyennant un loyer de 4,000 francs, une maison sise rue des Singes, n° 10, au Marais, puis

1857, et M. Albert Cohn [1], dans une réunion du Comité avec les Commissaires de Charité, en exposant la situation des écoles, pouvait constater avec satisfaction les excellents résultats de cette organisation grâce à laquelle, avec un nombre d'enfants deux fois plus grand qu'auparavant, la même dépense dégrevait une partie des frais de l'orphelinat [2].

rue des Guillemites où, jusqu'en 1872, son internat fut installé. Elle fut reconnue d'utilité publique par décret en date du 15 avril 1878.

[1] M. Albert Cohn, né à Presbourg (Hongrie) le 14 septembre 1814, mourut à Paris le 15 mars 1877.

[2] L'organisation de la distribution d'aliments chauds faite aux enfants des écoles date de 1853. L'inspirateur de cette bienfaisante et généreuse innovation fut le Dr Cahen fils. Dans une inspection qu'il fit, en effet, en novembre 1853, dans nos écoles et asiles, il signala le « défaut de nourriture des enfants » et il demanda que le Comité leur fît donner « une soupe ». Le Comité accueillit cette proposition qui reçut une exécution immédiate, et depuis cette époque, tous les ans, le Comité pourvoit, pendant tout l'hiver, à la nourriture des enfants de nos écoles.

La dépense s'éleva, de ce fait, pour 1853, à 346 fr. 10 c.; pour 1854, à 1,889 fr. 50 c.; pour 1855, à 2,595 francs. — Elle est aujourd'hui de 12,000 francs environ.

Le *Fourneau économique*, qui fait aujourd'hui l'admiration de la municipalité parisienne et dont on cherche à imiter l'organisation, fut fondé en 1855. Il fut d'abord placé rue des Rosiers en face de l'Orphelinat; il est situé maintenant rue Mahler. Le nombre des portions délivrées aux pauvres s'élève aujourd'hui a plus de 300,000 et les frais d'entretien sont d'environ 45,000 francs par an.

VII

INSTALLATION D'ÉCOLES DANS LES QUARTIERS EXCENTRIQUES DE PARIS : LA CHAPELLE, LE JARDIN-DES-PLANTES, LES INVALIDES. — COMMUNALISATION DES ÉCOLES DE LA RUE DES ROSIERS. — ŒUVRE DE LA COMMUNAUTÉ. — COMITÉ DES ÉCOLES.

Les écoles communales, placées complètement sous la direction de la Ville, ne pouvaient plus être l'objet immédiat des soins et de la sollicitude de l'administration consistoriale [1] ; mais celle-ci n'en rappela pas

[1] Mlle Mayermax, directrice de l'école des filles, prit sa retraite à la fin de 1853. Elle dirigeait l'École depuis 1821. Elle fut remplacée par Mme J. Kahn, née Oppenheim, qu'en 1844 déjà elle signalait à la bienveillante attention du Consistoire et au sujet de laquelle elle disait, avant de se retirer : « Mme Kahn qui, je l'espère, me succédera, se recommande assez par les services éminents qu'elle a rendus à la classe depuis que je me la suis adjointe pour que j'aie besoin de réclamer votre bienveillance pour elle. Si quelque chose peut me consoler de me séparer d'elle, c'est la sécurité qu'elle me laisse à mon départ sur le sort des pauvres enfants dont je me suis occupée si longtemps ». Mme Kahn se montra, en effet, à la hauteur de cette tâche, et le dévouement, l'ardeur dont elle fit preuve dans ces fonctions lui valurent de flatteuses approbations et de hautes récompenses.

Mlle Mayermax avait du reste donné, pendant sa longue et laborieuse carrière, l'exemple de ce zèle ardent pour les intérêts qui lui avaient été confiés. Brave et excellente femme, d'une intelligence ouverte, d'une bienveillance extrême, elle est de celles dont la Communauté de Paris peut s'honorer. Elle mourut en 1871, à Paris.

Mme Aron, directrice de l'école communale de Metz, fut nommée directrice de l'école des filles, en remplacement de Mme Kahn, le 1er décembre 1856. Elle fut mise à la retraite le 1er janvier 1882.

moins, par tous les moyens en son pouvoir, les liens mutuels d'affection déjà ancienne qui les unissaient.

C'est ainsi que, outre l'institution des vêtements et des soupes, le Comité de bienfaisance avait fondé des prix d'honneur, des prix d'encouragement, d'instruction religieuse, des livrets à la Caisse d'épargne, dont la Ville autorisait avec satisfaction la distribution annuelle.

Le Comité pouvait donc se donner tout entier à la nouvelle maison qu'il venait de créer et songer aux quartiers excentriques de Paris, tels que La Chapelle, La Villette, Montmartre, Vaugirard, Montrouge, etc., dont la population juive s'était accrue et qui étaient dépourvus d'école israélite.

Les écoles de la rue des Rosiers recevaient tous les jours un plus grand nombre d'enfants. En 1859 [1],

[1] Par arrêté en date du 21 août 1829, le gouvernement autorisa l'établissement d'une école centrale rabbinique à Metz. Le séminaire fut transféré de Metz à Paris en novembre 1859. Il fut installé rue du Parc-Royal jusqu'en juillet 1865, époque à laquelle il s'établit boulevard Richard-Lenoir, n° 57. En 1880, il fut transporté rue Vauquelin, n° 9, dans une maison construite spécialement pour lui. Le séminaire est né de l'école talmudique fondée par le Consistoire de Metz en décembre 1820.

L'ouverture à Paris de l'école dite *Talmud Torah* date de 1853. Fondé en décembre 1852 par une société particulière, le Talmud Torah fut établi rue Portefoin, sous la protection mixte de l'administration et de la Société des études talmudiques. À la suite de dissentiments qui se produisirent à l'enterrement de M. Marchand Ennery, sur la direction à donner à cette école, une séparation eut lieu. L'école, devenue consistoriale, fut installée (en 1853) rue Neuve-Saint-Laurent sous la direction de M. Trénel, dans l'appartement qu'habitait M. Marchand Ennery et qui fut loué à cet effet. L'école fut transférée plus tard chez M. Rheins, instituteur, rue Saint-Sauveur ; puis sous la direction de M. Zadoc Kahn, rue Villehardouin, plus tard Petite-Rue-Saint-Pierre (actuellement rue Saint-Sabin), de là chez M. Wogue, qui en prit la direction, 16, rue Saint-Sabin. Enfin lors de la transla-

202 élèves fréquentaient l'école des garçons ; et l'école des jeunes filles, qui s'était ouverte en 1857 avec 60 enfants, en comptait maintenant 191. Chaque école était divisée en trois sections. Dans les classes supérieures l'enseignement était simultané, et il était mutuel pour les classes inférieures. Elles pouvaient entrer déjà en rivalité avec les écoles communales. L'asile, qui contenait 150 places, recevait 180 enfants des deux sexes auxquels on donnait les premières notions d'instruction générale.

Ces écoles, installées depuis quatre ans à peine, se trouvèrent donc bientôt à l'étroit dans la maison de l'Orphelinat [1]. En outre, les frais d'entretien constituaient une charge très lourde, et ne s'élevaient pas à moins de 16,000 francs par an. Après avoir cherché vainement un local convenable pour y placer le groupe consistorial, le Comité demanda, en 1861 [2], leur

tion du Séminaire au boulevard Richard-Lenoir, le Talmud Torah fut installé dans le même local. Depuis, cette école fait corps avec le Séminaire. C'est en quelque sorte un petit Séminaire.

[1] A cette époque, il était déjà question de séparer l'Orphelinat du groupe scolaire et de le transporter dans un local spécial. Une nouvelle maison fut, en effet, construite par les soins de Mme la baronne James de Rothschild, douairière, qui l'entretient de ses denier. L'inauguration de ce magnifique établissement, situé rue de Lambiardie, n° 21, et affecté uniquement aux orphelins, eut lieu le 3 juin 1874. Il est appelé « Orphelinat S. et C. de Rothschild », en mémoire du baron Salomon et de la baronne Carcline de Rothschild.

[2] M. Trèves, qui dirigeait l'école depuis 28 ans, auquel le comité avait, en 1861, décerné, par acclamation, une médaille d'or en récompense de ses longs services, et qui avait bien mérité le repos qu'il réclamait, allait demander sa retraite et laisser la direction de l'école à M. Léopold (Lyon), son adjoint (15 février 1865). Par l'activité intelligente et dévouée dont il a donné le témoignage depuis de si nombreuses années, M. Léopold s'est montré le digne successeur de l'excellent maître qui mourut en 1880, entouré de l'estime et du souvenir affectueux de ses anciens élèves.

communalisation au Conseil municipal qui ne la jugea pas opportune, mais vota, en leur faveur, une subvention annuelle de 20,000 francs.

Cette subvention diminuait, il est vrai, les charges croissantes du Comité, mais ne pouvait suffire à l'entretien d'un établissement que cherchaient à fréquenter, non seulement les enfants qui habitaient aux alentours, mais aussi ceux des communes annexées. Il fallait donc trouver un moyen de multiplier les écoles sans augmenter les dépenses.

Le Comité de bienfaisance proposa de contribuer au paiement d'instituteurs israélites que désignerait M. le Grand-Rabbin de Paris et qui seraient chargés de l'enseignement dans des écoles que les communes annexées établiraient à leurs frais.

Ces communes se refusèrent à cet arrangement, et une pétition adressée au préfet par les familles israélites de La Villette et de La Chapelle pour demander l'établissement d'écoles communales spéciales dans leur arrondissement, fut renvoyée au Consistoire. Le Comité fut appelé à en délibérer et, par arrêté en date du 27 octobre 1864, décida de créer deux écoles, une de garçons et une de filles, soit à La Chapelle, soit à La Villette.

Le Comité traita avec un instituteur de Phalsbourg, M. Halphen, qui, moyennant un traitement fixe de 3,000 francs, s'engageait à prendre la location du local à sa charge, à entrer pour moitié dans les frais de premier établissement, à recevoir gratuitement tous les enfants indigents que le Comité lui enverrait, et à se conformer au taux d'écolage qui serait fixé pour les élèves dont les parents seraient en état de payer.

Ces rétributions devaient parfaire le traitement de l'instituteur.

Cette convention, faite pour trois ans, était un essai. Il était bon que le Comité se précautionnât contre un un échec possible.

M. Halphen accepta ces conditions et se mit à l'œuvre. Il loua, grande rue de La Chapelle 115 et 117, un local que sa femme et lui ouvrirent le 7 décembre 1864, avec 10 élèves (4 filles et 6 garçons). Au bout d'un mois ils avaient 30 enfants.

Le local choisi était composé de deux grandes salles ayant servi précédemment aux Frères de la Doctrine chrétienne. Trop vaste pour un si petit nombre d'élèves et situé au premier étage, au fond d'une immense cour commune à tous les habitants de la maison, l'école n'avait ni préau couvert ni cour de récréation. A tous les points de vue, l'école ne pouvait demeurer dans ce local choisi à la hâte, et, le 15 juillet 1865, elle fut transférée boulevard de La Villette, nº 165, où le local, mieux approprié, était situé au fond d'une cour plantée d'arbres, qui servait de lieu de récréation. La classe des garçons était au rez-de-chaussée, et celle des filles au premier étage. A cette époque, 60 élèves fréquentaient l'école.

Ce nouvel emplacement parut plus favorable d'abord. Mais on s'aperçut bientôt que la maison était habitée par un grand nombre de petits ménages, de familles ouvrières, dont les allées et venues constituaient une cause incessante de désordre. Le propriétaire voulait, en outre, augmenter le prix du loyer. M. Halphen changea encore une fois de local. L'école fut transférée le 15 mai 1871 au boulevard de La Chapelle, nº 11, au fond d'une impasse dont la tranquillité était continuellement troublée par les travaux bruyants des industries et des ateliers ou par le mouvement des trains du Nord, dont les lignes passaient sous la maison que les lourdes machines ébranlaient. 120 enfants fréquentaient les deux classes de M. et Mme Halphen.

Cependant l'installation de cet établissement ayant éveillé l'attention des familles juives habitant d'autres points extrêmes de la ville, M. Fleur, instituteur à Phalsbourg, fut, le 31 mai 1861, admis par le Comité à établir à Paris une école de garçons et de jeunes filles, semblable à celle de M. Halphen. Les mêmes conditions furent imposées et acceptées. Le 1er octobre 1866 M. et Mme Fleur s'installèrent, 39, rue de Poliveau, près le Jardin-des-Plantes, et ouvrirent leur école avec 36 élèves. Ce local était composé d'une salle pour les garçons, d'une salle pour les jeunes filles, et d'une petite pièce servant de préau. Dès la deuxième année de sa création, l'établissement étant fréquenté par 133 élèves, le local ne suffisait plus. Le 1er octobre 1869, le directeur prit possession, dans la même maison, d'un local plus vaste et situé au fond de la cour, comprenant deux grandes salles de classe et une petite cour de récréation.

Le Consistoire et le Comité de bienfaisance avaient tout lieu de se féliciter de la fondation de ces deux groupes scolaires; on réalisait enfin ce projet tant désiré d'établir un réseau complet d'écoles dans Paris. En 1867, le Comité décida de compléter cette organisation en ouvrant une école dans le quartier de Grenelle-Gros-Caillou, Vaugirard.

M. Schneider, adjoint au directeur de l'école communale de Metz, et Mme Schneider, furent appelés à la direction de ce nouveau groupe qui s'ouvrit le 16 juillet 1867, au boulevard Latour-Maubourg, n° 96, avec 25 élèves : 15 garçons et 10 filles. Il prit rapidement une grande extension et, au moment de la guerre franco-allemande, près de 90 enfants fréquentaient les classes qui auraient dû en contenir 50 à peine. L'installation de l'école dirigée par M. et Mme Schneider n'était pas moins défectueuse que celle des groupes de la Villette et de la rue Poliveau : située au fond d'une cour étroite et petite, elle était enclavée dans la maison dont les bâtiments de face, à droite et à gauche, interceptaient et l'air et la lumière. Il fallait pour que les enfants pussent jouir efficacement de leurs récréations, les conduire sur la voie publique [1].

Et néanmoins il faudra supporter cet état de choses pendant près de quinze ans [2] !

Cependant les écoles de la rue des Rosiers ne pouvant trouver dans la maison de l'Orphelinat toute l'ex-

[1] D'après les comptes rendus des travaux du Consistoire, la dépense pour les écoles et asiles a été, pour 1861, de 20,629 fr. 65 ; pour 1862, de 20,545 fr. 40 ; pour 1863, de 22,130 fr. 75 ; pour 1864, de 25,210 fr. 90 ; pour 1865, de 29,560 fr. 40.

Dans cette période on avait dû pourvoir à la nomination de deux adjoints et de deux adjointes à l'école de la rue des Rosiers.

Les dépenses, pour 1866, s'élevèrent à 28,761 fr. 50 ; pour 1867, à 37,486 fr. 55 ; pour 1868, à 44,933 fr. 45 ; pour 1869, à 43,791 fr. 25 ; pour 1870, à 36,070 fr. 70 ; pour 1871, à 36,573 fr. 10.

L'augmentation considérable des dépenses, dans cette période, provient de la création des écoles libres subventionnées.

[2] L'Œuvre des femmes en couches fut fondée en 1860-1861.

La fondation de la Maison de refuge date de 1866. Cette maison fut installée, à cette époque, 17, rue Lecouteux, à Romainville. Dans la suite, elle fut transférée 45, boulevard Eugène, à Neuilly, où elle est restée jusqu'à l'inauguration du local construit spécialement pour cette œuvre, boulevard de la Saussaye, n° 19 (Neuilly), et qui eut lieu le 4 juin 1883.

tension qu'elles étaient susceptibles de recevoir, le Comité, informé que la Ville était très disposée à lui venir en aide, écrivit le 18 juin 1866 au Consistoire pour le prier de demander la communalisation de ce groupe. Cette demande rencontrant des difficultés provenant de la situation particulière de l'immeuble affecté à cet établissement qui ne permettait pas de réaliser immédiatement ce vœu, le Comité proposa de demander purement et simplement de nouvelles écoles communales.

Le préfet accueillit tout d'abord cette demande — sans restriction. Mais, dépourvue de ressources, la Ville revint sur son acquiescement et fit savoir qu'elle ne pourrait admettre la requête du Consistoire que s'il trouvait des entrepreneurs se chargeant de l'édification des écoles moyennant un bail de 30 années souscrit par la Ville. La Ville payerait à ces entrepreneurs une indemnité de 5 1/2 pour cent en moyenne sur le montant de la dépense et de la construction, et elle se réservait en outre la faculté de devenir propriétaire des groupes scolaires dans le délai de 30 années que comprenait le bail.

Le Consistoire, ne trouvant d'abord aucun entrepreneur qui voulût se charger de cette construction, s'était décidé à demander à la Ville une augmentation de subvention proportionnée aux besoins. Cependant des entrepreneurs se présentèrent et il fut décidé que ces écoles seraient construites, l'une dans l'ancienne île Louviers, et l'autre rue de Château-Landon, vis-à-vis l'école municipale Colbert.

Mais la guerre de 1870 survint, et la question en demeura là.

Les négociations furent reprises en 1872 et, grâce à

M. Raynal, membre du Consistoire et conseiller municipal, l'affaire fut classée au nombre des créations de première urgence.

Cependant en décembre 1873 rien encore n'avait été décidé. Le Consistoire dut informer la Ville que « les écoles de la rue des Rosiers seraient incessamment fermées et qu'elle aurait à pourvoir à l'installation d'un groupe scolaire ».

Devant cette attitude énergique la Ville se « galvanisa ». Elle décida d'affecter à ces écoles des locaux vacants situés rue des Tournelles et place des Vosges, et, bien qu'il eût été préférable de placer ce groupe dans un arrondissement autre que celui où la première école était déjà installée, on dut cependant accepter cette offre, vu l'urgence qu'il y avait à prendre une résolution.

Ce consentement n'alla pas sans sacrifices. Les locaux de la rue des Tournelles n'étaient pas prêts. Les fonds affectés à cet objet par la Ville avaient déjà reçu leur destination. Les ressources disponibles étaient insuffisantes pour effectuer les travaux nécessaires. Dans cette conjoncture, afin de parer à ces difficultés et pour permettre au Consistoire d'entrer plus tôt en possession des écoles, M. le baron Gustave de Rothschild, président du Consistoire de Paris, offrit au préfet de fournir personnellement une somme de 15,000 francs. Cette proposition fut acceptée — on s'en doute — et, le 10 mars 1874, bien que les travaux d'appropriation ne fussent pas terminés, le groupe scolaire consistorial, devenu communal, fut transféré rue des Tournelles, 21.

Ces écoles étaient restées dans le local de la rue des Rosiers pendant dix-sept ans, et, depuis plus de treize ans elles étaient en instance pour être communalisées[1] !

La population juive s'était peu à peu sensiblement accrue. La communauté qui, à Paris, n'était environ que de 12,000 âmes en 1842, atteignait en 1872 le chiffre de 40,000. Cet accroissement de la population israélite avait exigé de grandes modifications dans l'organisation intérieure des services consistoriaux, et, dès 1866, les affaires de toutes les institutions et de tous les établissements dépendant de l'autorité consistoriale, au lieu d'être indépendantes les unes des autres, furent centralisées à la maison du temple, rue du Vertbois, n° 8[2].

[1] L'école des jeunes filles, place des Vosges, est fréquentée par 250 enfants qui sont réparties dans cinq classes. Mme Rosenfeld en est directrice, non chargée de classe. L'école des garçons compte également cinq classes ; la Ville est sur le point d'en ouvrir une sixième. M. J. Lévy est directeur, non chargé de classe, de cette école qui compte 250 enfants. L'asile a 2 divisions que fréquentent 170 enfants. Mme E. Weill en est directrice.

[2] Voici les secrétaires qui se sont succédé au Consistoire depuis sa fondation : 12 mai 1809, M. Isaac Rodrigues fils, notable, secrétaire général, avec traitement. — 16 mai 1809, M. Lévy Guntzberger, secrétaire-adjoint, avec traitement. — 21 février 1825, M. Edmond Halphen, secrétaire non rétribué, en remplacement de M. Rodrigues, démissionnaire. — 22 février 1826, M. J.-S. Polack, expéditionnaire attaché au secrétaire du Consistoire, avec traitement. — 27 octobre 1825, M. G. Baruch Weill, secrétaire non rétribué, en remplacement de M. Edmond Halphen, démissionnaire. — 31 juillet 1831, démission de M. G. Baruch Weill ; M. J.-S. Polack reste seul secrétaire. — 16 juillet 1844, mort de M. Polack. — 9 août 1844, M. Raphael Jéramec, secrétaire, avec traitement. — Août 1846, M. J. Kahn est chargé de l'expédition des écritures. — 14 novembre 1847, démission de M. Raphael Jéramec ; M. Achille Halphen est nommé secrétaire, sans traitement. — 14 octobre 1850, démission de M. Achille Halphen, non acceptée. — 9-23 juillet 1851, création d'un secrétariat général de l'administration consistoriale (consistoire, comité de secours, conservation des archives, bureau de renseignements) : chef du secrétariat, M. J Kahn. — 28 août - 4 septembre 1851, M. Kahn n'accepte

Cela était bien. Mais la communauté de Paris qui était relativement jeune et qui, en peu d'années, avait pris des développements remarquables, ne possédait ni l'unité, ni la cohésion, ni l'ensemble que doivent présenter tous les membres d'une même confession, vivant dans la même ville et mûs par les mêmes intérêts.

Le Consistoire chercha à établir ce lien qui devait unir tous les Israélites de Paris, et il fonda l'*Œuvre de la Communauté*[1].

En organisant cette nouvelle institution, il poursuivait un double but : soutenir et relever le culte, que les subventions de l'État étaient insuffisantes à maintenir, et multiplier les écoles, répandre le plus possible l'instruction religieuse, doter d'une manière convenable les écoles existantes, encourager la publication des livres intéressant la jeunesse ou le judaïsme, etc., etc., etc.

Cette œuvre fut fondée le 23 octobre 1873[2]. Une des

pas ; M. Créhange, secrétaire du comité de secours, est nommé. — 5 mai 1852, démission de M. Achille Halphen. — 12 mai 1852, M. J. Kahn est nommé secrétaire du Consistoire. — 14-21-27 février 1866, réorganisation de l'administration consistoriale. M. J. Kahn est nommé secrétaire général des administrations consistoriales. — 26 mars 1875, nouvelle réorganisation. M. Léon Kahn est nommé secrétaire-adjoint.

L'administration consistoriale fut transférée le 1er février 1879 dans ses nouveaux bureaux, rue Saint-Georges, n° 17.

[1] Le 1er janvier 1856, le Consistoire avait organisé déjà une *Caisse spéciale de la communauté* dont le but général était de pourvoir à l'amélioration de la situation des ministres du culte, à l'établissement d'un fonds de prévoyance et d'un service de secours ou de pension en faveur des veuves et orphelins de rabbins, ministres du culte ou employés de l'administration...

[2] Les dépenses du Comité de bienfaisance pour les écoles s'élevèrent, en 1873, pour le groupe scolaire de la rue des Rosiers, à

premières conséquences de sa création fut l'organisation d'un comité spécial des écoles à qui la Caisse de la communauté devait fournir les éléments nécessaires à la marche et à l'entretien des groupes scolaires. Les écoles furent donc distraites du Comité de bienfaisance, mais afin de marquer combien il en faisait cas et combien il en appréciait les services, le Consistoire décida que la section d'instruction tout entière ferait partie du Comité des écoles. — En effet, depuis dix-huit ans que cette responsabilité lui incombait, il avait fondé un asile, puis un groupe scolaire complet qu'il avait entretenu de ses deniers, et enfin, successivement, trois établissements qu'il subventionnait.

Le 5 mars 1874, la séparation de la section d'instruction d'avec le Comité fut consommée et le Consistoire installa le Comité des écoles dans ses nouvelles fonctions. M. Albert Cohn en fut nommé président[1].

28,713 francs, et pour les établissements subventionnés, à la somme de 14,625 francs.

[1] L'arrêté organisant le Comité des écoles instituait, en même temps, un comité de Dames inspectrices. Ce comité, présidé par Mme la baronne Gustave de Rothschild, est composé de 32 dames; savoir : Mmes Jules Beer, Brandon, Louis Cahen d'Anvers, Albert Cohn, d'Ancona, Gust. Dreyfus, Emerique, Albert Cahen d'Anvers, Delavigne, Léopold Goldschmidt, Jules Ephrussi, Joseph Halphen, Georges Saint-Paul, Isidor (Grand Rabbin), Moïse Dreyfus, Zadoc Kahn (Grand Rabbin), baronne Max. de Kœnigswarter, Lange, Alex. Lazard, Elie Lazard, Narc. Leven, Eugène Manuel, Mayer (rabbin), Montefiore, baronne J.-E. de Rothschild, Ferdinand Ratisbonne, Séligman, Worms, Isaac Aron, P.-M. Oppenheim, Mayrargues.

Ce comité fonda, en 1877, à l'instigation de Mme la baronne Gustave de Rothschild, une œuvre spéciale destinée à parfaire l'œuvre forcément incomplète du Comité de bienfaisance, et qui a pour objet de distribuer indistinctement aux petits enfants et aux jeunes filles de nos groupes scolaires consistoriaux et communaux qui peuvent en avoir besoin, des coiffures, des vêtements, les tissus né-

A compter de ce moment, les faits relatifs aux écoles sortent du domaine de l'inconnu ou de l'hypothèse. Ces jours sont trop près de nous pour que nous continuions à en faire un minutieux historique. Il nous a paru qu'il suffirait que les faits importants seuls en fussent brièvement signalés.

cessaires à la confection de vêtements, des chaussures, des médicaments, des aliments pendant l'été.

Les ressources de cette œuvre, dite *Œuvre du Vestiaire*, sont recueillies entre les dames mêmes du comité et uniquement entre elles. Les souscriptions, les dons, qui, en 1878, s'élevaient à 2,570 francs, se sont graduellement élevés et ont atteint, en 1882, la somme de 5,640 francs.

Les ressources dont le Comité dispose annuellement sont tout entières et sans réserve employées à ces bienfaits.

Le Comité des écoles est actuellement composé de 45 membres; savoir : MM. le baron Edmond de Rothschild, président; Isidor, Grand Rabbin de France; Zadoc Kahn, Grand Rabbin de Paris; Bechmann (Georges); Beer (Guillaume); Bischoffsheim; Bloch (Alphonse); comte A. de Camondo; Cahen d'Anvers (Albert); Cohn (Léon); Fribourg (Gerson); Goldschmidt (Léopold); Goldschmidt (S.-H); Halphen (Edmond); Hauser; Hayem (Julien); Hendlé (Ernest); Heumann; Javal (Emile); Kohn (Edouard); Lange (Alexandre); Lévy (Georges); Leven (Manuel); Leven (Narcisse); Lévy (Albert); Lévy (Henri); Lévy (Théodore); Lyon-Cahen (Charles); Manuel (Eugène); rabbin Mayer; Mayrargues (Alfred); Meyer (Ferdinand); Montefiore (L.); Oppenheim (Paul); Oppenheim (P.-M.); Reinach (H.-J.); Reinach (Théodore); Rosenfeld (Jules); Salomon; Trénel; Ulmann (Emile); Van Gelder; Widal; Weill (Henri).

MM. Alcan (Michel), Helbronner (Horace), Pontremoli, rabbin Lazard et baron J.-N. de Rothschild, qui avaient été nommés à la création du comité des Ecoles, sont décédés; et MM. Beer (Jules), Derenbourg (H.), et Ad. Franck, de l'Institut, ont été démissionnaires.

VIII

DE 1874 A 1882.

1874.

19 mars. Le Comité des écoles procède à son organisation et se répartit en quatre commissions, savoir : 1° Enseignement et méthode; 2° Hygiène et salubrité; 3° Administration et finances; 4° Inspection.

16 avril. Les trois instituteurs subventionnés, se fondant sur les difficultés qu'ils rencontrent dans la perception de l'écolage ont demandé que la gratuité absolue soit établie dans les trois écoles. Le Comité décide le maintien jusqu'à nouvel ordre du système mixte de la gratuité et des rétributions scolaires. Mais à l'avenir le recouvrement en sera fait par les soins de l'administration consistoriale.

7 mai. M. le baron Gustave de Rothschild fait don d'une rente de 1,500 francs, « pour permettre annuellement à un des jeunes gens sortis des écoles israélites de s'exonérer du service militaire en passant les examens exigés pour le volontariat ».

Id. L'enseignement du dessin est introduit dans les écoles consistoriales.

2 juillet. Création d'une classe nouvelle (asile) à l'école

du boulevard La Chapelle et à l'école du boulevard Latour-Maubourg[1].

2 juillet. Installation d'un gymnase destiné à l'école de la rue Poliveau sur un terrain contigu à cette école.

5 novembre. Examen du budget pour l'exercice 1875[2]. Le Comité décide d'inscrire aux dépenses une somme de 9,000 francs destinée à l'établissement d'un nouveau groupe scolaire dans le quartier situé entre les rues Lamartine, Notre-Dame de Lorette, des Martyrs, jusques et y compris Batignolles.

3 décembre. Location d'un terrain situé 86, boulevard Latour-Maubourg pour y installer un gymnase destiné à cette école[3].

[1] Le Comité de bienfaisance avait déjà ouvert une troisième classe à l'école de la rue Poliveau, le 1er janvier 1874.

[2] Dès sa création le Comité a accordé des bourses dans les écoles primaires supérieures de la ville de Paris. Le crédit porté annuellement au budget pour cet objet s'est élevé jusqu'à 1800 francs. Ce chapitre est supprimé aujourd'hui, les admissions dans ces écoles étant faites à titre gratuit, à la suite d'un concours.

Seule l'école commerciale de l'avenue Trudaine ne reçoit d'élève qu'à titre payant.

Selon le vœu formé par M. le baron James de Rothschild, Mme la baronne James de Rothschild, douairière, avait envoyé au Comité de bienfaisance une somme de 50,000 francs dont l'emploi devait être déterminé ultérieurement.

Le 27 mars 1872, la famille de Rothschild informa l'administration consistoriale que « cette somme, ainsi que les intérêts qu'elle a produits et qu'elle produira à l'avenir, devra être affectée à la création de 16 bourses à l'école commerciale en faveur des enfants des écoles primaires consistoriales et communales israélites de Paris ».

[3] C'est le Comité des écoles qui fit introduire la gymnastique à l'école communale de la rue des Tournelles, comme plus tard, grâce à la générosité de M. le baron Gustave de Rothschild, il pourra y faire introduire l'enseignement de la méthode Frœbel.

1875.

4 mars. Nomination d'un instituteur et d'une institutrice pour diriger le nouveau groupe scolaire.

1er avril. Un projet tendant à la création d'une Ecole primaire supérieure est ajourné faute de ressources suffisantes.

6 mai. Le Consistoire élève de 5,000 francs la subvention accordée au Comité des Ecoles[1].

2 septembre. Le Comité décide qu'il n'y a pas lieu d'organiser le groupe scolaire projeté « les éléments étant insuffisants pour alimenter une nouvelle école dans le quartier de la Victoire ou des Batignolles ».

2 décembre. Les écoles subventionnées sont complètement placées sous la dépendance du Comité des Ecoles et deviennent consistoriales[2].

1876.

6 janvier. Mme la baronne Gustave de Rothschild fait un don de 10,000 francs destiné à constituer une première mise de fonds pour la création d'une Caisse de retraite au profit du personnel enseignant des écoles.

[1] Le Comité recevait de la Ville une subvention annuelle de 30,000 francs ; cette augmentation de la subvention consistoriale portait également à 30,000 francs la dotation du Consistoire.

[2] En 1875, 1876, 1877, les rétributions scolaires s'élevaient, pour les trois groupes, à environ 300 francs par mois. Aujourd'hui, avec un nombre double d'enfants, la perception est presque illusoire — le principe de la gratuité étant admis dans une mesure aussi large que possible.

6 janvier. Introduction de l'enseignement du chant dans les trois écoles.

4 mai. Une commission nommée pour organiser une Caisse de retraite décide que « le total des versements annuels à effectuer pour assurer à chacun des instituteurs et institutrices une pension à 60 ans d'âge, sera de 916 francs pour les écoles communalisées de la rue des Tournelles[1] et de 1,210 francs pour les écoles consistoriales[2] ».

1er juin. Mme la baronne Lionel de Rothschild, à l'occasion du mariage de sa petite-fille, Mlle Bettina de Rothschild, fonde un prix annuel de 250 francs pour être décerné à la meilleure élève des écoles consistoriales et communales israélites de Paris.

Le prix Bettina de Rothschild sera donné sous la forme d'un livret de la Caisse d'épargne à la suite d'un concours qui aura lieu vers la fin de l'année scolaire et avant la distribution des prix.

6 septembre. Le budget présente au 1er septembre un excédant de recettes de 38,705 fr. 62 c.

— La situation déplorable des locaux dans lesquels sont placées les écoles consistoriales appelle très vivement la sollicitude du Comité.

[1] Les instituteurs et institutrices du groupe scolaire de la rue des Tournelles ont été appelés à profiter de cette faveur parce que n'étant considérés comme fonctionnaires communaux que du jour où les écoles mêmes furent communalisées, leur pension de retraite ne sera liquidée que pour ce délai et leur situation sera inférieure à celle de leurs collègues de la rue des Hospitalières.

[2] Le Comité des Écoles ne fait aucune retenue sur le traitement du personnel enseignant.

6 septembre. Il examine s'il n'y aurait pas lieu de procéder à la construction de maisons d'écoles destinées à remplacer les installations actuelles reconnues défectueuses et insuffisantes et qui « contrastent si tristement avec la grandeur et la beauté des Temples[1] qui viennent d'être édifiés[2] ».

La ville se proposerait de faire les frais d'installation d'un groupe scolaire dans les environs de l'école dirigée par M. Halphen.

1877.

15 mars. Mort de M. Albert Cohn.

12 avril. Ouverture de deux classes mixtes intermédiaires à l'école de la rue Poliveau et du boulevard Latour-Maubourg[3].

— Le Consistoire augmente de 5,000 francs la subvention au Comité des Ecoles.

— Introduction de la méthode Frœbel aux Asiles de la rue des Hospitalières et de la rue des Tournelles.

8 juillet. M. le baron Edmond de Rothschild est nommé, à l'unanimité, président du Comité des Ecoles, en remplacement de M. Albert Cohn.

[1] Le Temple de la rue de la Victoire fut inauguré le 9 septembre 1874 et celui de la rue des Tournelles le 15 septembre 1876.

[2] C'est dans le courant de cette année, en juillet 1876, que furent ouvertes les salles consistoriales au Temple de la rue de la Victoire. Le Comité des Ecoles qui, à raison de 600 francs par an, louait une salle à l'hôtel des Ingénieurs, Cité Rougemont, pour y tenir ses réunions mensuelles, s'assembla depuis lors rue de la Victoire.

[3] Le Comité, faute d'un local vacant, ne put donner suite au projet d'ouverture d'une classe mixte à l'école dirigée par M. Fleur.

20 septembre-8 novembre. L'attention du Comité est appelée de nouveau sur le projet de construction d'écoles. Le bail du local occupé par M. Fleur expire le 1er octobre 1878. Il avait été question, déjà l'année précédente, d'employer le solde disponible des recettes du Comité à apporter d'importantes modifications aux écoles. Une Commission spéciale a étudié la question de l'agrandissement de l'école dirigée par M. Fleur. Ce projet se rattache à celui de la création d'une nouvelle école. Enfin il y a lieu de s'occuper aussi de l'amélioration du local de l'école Halphen.

En ce qui concerne ce groupe, on fait de nouveau observer qu'une école doit être construite par la Ville pour remplacer cet établissement et que la Ville serait même disposée à établir une école israélite au boulevard Saint-Germain.

1878.

7 mars. M. le baron Gustave de Rothschild fait savoir au Comité qu'il vient de faire acquisition d'un terrain, situé rue des Feuillantines, pour y faire construire une école et qu'il se propose d'en faire donation à la communauté. Cette école est appelée à remplacer celle de la rue Poliveau.

13 juin. Le Comité décide d'ouvrir une souscription destinée à fournir les fonds nécessaires à la construction d'une école consistoriale en remplacement de l'école du boulevard Latour-

Maubourg. Une somme de 60,000 francs environ a déjà été recueillie.

22 octobre. Les dispositions du Conseil municipal relativement au projet de construction d'un groupe scolaire qui remplacerait celui de M. Halphen s'étant modifiées, et le bail de cette école expirant le 1er janvier 1880, il importe de trouver un local d'autant plus vite que la maison qu'elle occupe est vendue à une société immobilière qui se propose de la démolir dans le plus bref délai possible.

5 décembre. Sur la proposition du Comité des Dames inspectrices : 1° Trois maîtresses de couture, au lieu d'une pour les trois groupes scolaires, sont attachées aux écoles ; 2° Une femme de service est spécialement chargée dans chaque établissement d'une partie de l'entretien des classes et des soins de propreté à donner aux jeunes enfants.

1879.

6 mars. Le bail de l'école de la rue Poliveau expire au mois d'avril.

— La souscription organisée pour l'achat d'un terrain et la construction d'une école dans le quartier des Invalides s'élève à 130,000 francs.

3 avril. Le Comité a fait l'acquisition, au prix de 112,255 francs, d'un terrain situé avenue de Ségur et d'une contenance de 1,727 mètres.

Ce terrain est trop vaste pour le groupe scolaire qu'il s'agit d'établir. Le Comité de bienfaisance, qui désire construire un bâtiment affecté aux jeunes garçons assistés serait disposé à prendre à sa charge une partie de ce terrain. Le Comité des Ecoles approuve, en principe, cet arrangement [1].

1er mai. On rencontre de grandes difficultés pour la location d'une maison d'école devant remplacer l'école Halphen dont le bail finit au mois de janvier 1880.

19 mai. Le bail de l'école du boulevard Latour-Maubourg finit au mois d'avril 1880. Le propriétaire du local de l'école a déclaré qu'il ne renouvellerait pas le bail pour une durée moindre de deux années.

6 novembre. Pour encourager les jeunes enfants au travail et à la fréquentation de l'école, le Comité décide que, tous les ans, vers la fin de l'année, une distribution de jouets et de petits livres sera faite aux asiles dans les trois écoles.

[1] Le Comité de bienfaisance est revenu sur son projet. La maison dont il s'agit sera sans doute édifiée sur des terrains situés dans le quartier Picpus et que M. le baron Edmond de Rothschild aurait acquis à cet effet.

M. le baron Alphonse de Rothschild vient d'acquérir dans le même quartier 3,000 mètres de terrain pour y faire construire *un service d'isolement*, comme annexe à l'hôpital. Sur une partie de ces terrains se trouve l'hôtel qui servit de maison de campagne à Mlle Clairon. Cette maison a gardé quelques-unes des dispositions que la célèbre actrice lui avait données. En abattant quelques légères cloisons, la salle de spectacle, particulièrement, pourrait réapparaître intacte. La Société des monuments historiques est venue trop tard pour l'acheter. Elle avait été devancée par M. le baron de Rothschild (1882).

1880.

31 mars. Organisation d'inspections médicales mensuelles dans les trois écoles.

8 avril. Le Comité reçoit communication du décret autorisant le Consistoire à acquérir, avenue de Ségur, n°27, un terrain destiné à l'édification d'un groupe scolaire.

6 mai. Le Consistoire adopte les plans de construction de cet établissement. Il a fait établir un devis pour la construction, au-dessus du gymnase, d'un oratoire qui sera élevé à ses frais.

19 septembre. M. le baron Gustave de Rothschild annonce que l'école et l'asile qu'il a fait édifier rue des Feuillantines sont terminés.

4 octobre. Inauguration de l'école *Gustave de Rothschild*, 60, rue des Feuillantines [1].

4 octobre. Création d'une classe intermédiaire mixte à l'école Gustave de Rothschild.

23 décembre. Le Comité examine les plans de l'hôtel Dehaynin situé entre deux cours, rue Lafayette, 231 *bis* et faubourg Saint-Martin, 248, qu'il s'agit d'affecter au groupe scolaire dirigé par M. Halphen.

M. Halphen n'étant pas lié par un bail, peut se voir d'un jour à l'autre expulsé du local occupé actuellement par l'école. Le Comité n'a pas de ressources suffisantes pour construire un établissement scolaire et il ne pourrait en trouver en ce moment. Une combi-

[1] Maintenant rue Claude-Bernard, par suite de changement de dénomination.

naison avantageuse s'était présentée : un entrepreneur avait offert de faire construire et de louer terrain et construction, moyennant 6 0/0 avec faculté d'achat ; mais cet entrepreneur a retiré ses offres. Il n'y a donc plus qu'à revenir à l'examen de l'hôtel Dehaynin dont les plans de transformation sont adoptés.

1881.

6 janvier. La subvention de 30,000 francs, allouée annuellement par la ville, est supprimée par décision du Conseil municipal.

17 mai. Le projet de budget pour l'exercice 1881-1882 présente un déficit de 40,000 francs.

19 octobre. Inauguration du groupe scolaire de l'avenue de Ségur.

14 novembre. Inauguration du groupe scolaire de la rue Lafayette.

14 novembre. Ouverture d'une cinquième classe à l'école dirigée par M. Halphen [1].

1882.

6 avril. L'instruction religieuse ne faisant plus partie du programme des écoles communales, il convient d'y suppléer par des cours spéciaux. Ces cours sont ouverts depuis le 1er novembre : 1° à la maison de l'Ecole de Travail où les préaux, le réfectoire et la salle d'études sont disposés pour recevoir alternativement les filles et les

[1] L'école de la rue Lafayette compte actuellement plus de 200 enfants (104 filles, 98 garçons). — Il y a deux adjointes et un adjoint.

garçons du groupe scolaire de la rue des Hospitalières; 2° au Temple de la rue des Tournelles, dans la cour, où des baraquements ont été élevés pour recevoir les jeunes filles qui fréquentent l'école de la place des Vosges et les garçons qui fréquentent l'école de la rue des Tournelles. Plus de vingt professeurs sont chargés de donner cet enseignement.

16 novembre. Le Consistoire approuve la décision prise d'ouvrir une cinquième classe à l'école Gustave de Rothschild[1] et à l'école de l'avenue de Ségur[2].

IX

CONCLUSION.

Tel est l'historique de nos écoles depuis la fondation légale de la Communauté israélite de Paris; tel est l'historique des efforts généreux qui furent tentés depuis soixante ans environ pour moraliser la classe indigente des Israélites et effacer, par l'instruction, la trace de l'oppression dont les Juifs ne cessèrent d'être victimes jusqu'à la Révolution.

Ainsi, dans l'espace d'un demi-siècle, disséminée d'abord, sans cohésion et sans forces, puis venant

[1] L'école Gustave de Rothschild est fréquentée par 190 élèves environ. Trois adjointes sont attachées à la maison.

[2] 180 élèves fréquentent actuellement le groupe scolaire de l'avenue de Ségur. Il y a également trois adjointes.

Ces deux classes ont été ouvertes le 8 janvier 1883.

lentement à la vie, se développant, s'étendant au fur et à mesure que le siècle accomplit son évolution, la Communauté de Paris fonde, subventionne, entretient ou bâtit cinq groupes scolaires complets. Les deux premières écoles, installées dans des logis étroits et malsains, s'imposent à l'attention du gouvernement qui les communalise[1]. Le Consistoire fonde bientôt un asile, puis un nouveau groupe, et coup sur coup enfin, dans trois quartiers différents, il organise des maisons scolaires qu'il subventionne. Dès le premier jour, elles prennent un essor tel que l'on est bientôt obligé d'y ouvrir successivement des classes maternelles, des classes enfantines et des classes intermédiaires. Le nombre des enfants se multiplie et nécessite une organisation plus sévère de l'enseignement. Au point de vue matériel, comme en ce qui touche l'instruction, des progrès considérables sont introduits, et les succès que remportent les élèves dans les concours où ils entrent en lutte avec leurs condisciples, aux examens du certificat d'études[2], témoignent de la ferme et constante volonté de la communauté de suivre l'exemple des premiers administrateurs, d'élever sans cesse le niveau moral et intellectuel des déshérités de la fortune.

Grâce à ces dévouements les écoles ne s'arrêteront pas dans la voie progressive d'amélioration où elles sont engagées, et il est d'autant plus juste de s'en ré-

[1] L'école des garçons, rue des Hospitalières (celle qui prit naissance rue Neuve-Saint-Laurent) est fréquentée par 350 enfants. Il y a actuellement 7 classes. L'école des filles, dans le même local, et qui eut ses commencements rue de la Croix, a 6 classes (Mme Marx, directrice); 300 enfants fréquentent l'école. L'asile a 190 enfants, deux divisions. Mme Meyer-Heine en est la directrice.

[2] De 1875 à 1882, les écoles consistoriales ont obtenu 132 certificats d'études. — Les classes de filles, 80; les classes de garçons, 52.

jouir que, en songeant à l'œuvre accomplie, on peut voir aisément le chemin parcouru depuis le jour où s'ouvrit la petite école de la rue Neuve-Saint-Laurent. Bien vive serait sans doute la satisfaction des énergiques et pieux administrateurs des écoles israélites de 1820 en constatant l'extension qu'elles ont prises et les succès qu'elles remportent; mais ce qu'ils ne prévoyaient pas assurément, — ce dont ils gémiraient peut-être — c'est qu'un jour le titre d'*École israélite* inscrit sur la façade de leurs écoles serait remplacé par celui d'*École laïque*[1].

Une association privée vient d'être fondée, sous le titre d'*Union scolaire*, qui a pour objet de former une association amicale entre tous les anciens élèves israélites des écoles consistoriales et communales de Paris. Conçue au sortir du cimetière où les anciens élèves de M. Trève lui portaient un dernier tribut d'affection et de reconnaissance, elle sera peut-être ce lien qui permettra de n'oublier jamais le passé et qui perpétuera dans l'avenir le nom des hommes de cœur qui se vouèrent si ardemment à la régénération des Israélites pauvres et le nom de ses maîtres et de ces maîtresses dont la physionomie, dans l'ombre légèrement effacée des années écoulées, se projette avec leur plein éclat de bienveillance et de gravité.

Quant à nous, il ne saurait nous échoir une meilleure récompense que d'avoir contribué, par cette étude à conserver intact ce souvenir et à ne pas laisser dans l'oubli une des pages les plus intéressantes de l'histoire de notre communauté.

LÉON KAHN.

[1] Loi du 28 mars 1882.

APPENDICE

COMPOSITION DES CONSISTOIRES DE PARIS DEPUIS 1809.

1809............ — MM. Seligman Michel, G. R. Ancien,
de Oliveira,
B. Rodrigues,
Worms de Romilly.

5 avril 1818..... — MM. Seligman Michel, G. R. Ancien,
Salomon Halphen [1],
B. Rodrigues,
Worms de Romilly.

21 octobre 1819... — MM. Seligman Michel, G. R. Ancien,
Salomon Halphen,
B. Rodrigues,
Baruch Weill [2],
Worms de Romilly.

18 octobre 1824... — MM. Seligman Michel, G. R. Ancien,
Javal jeune, Président,
Baruch Weill, Vice-Président,
J.-M. Hatzfeld,
Paul Hesse.

[1] Élu en remplacement de M. de Oliveira, non réélu.

[2] Par ordonnance royale en date du 29 juin 1819, les Consistoires eurent à élire un cinquième membre.

Juillet-nov. 1828. — MM. Seligman Michel, G. R. Ancien,
Javal jeune, Président,
Bénédict Allegri[1],
Dr Cahen[2],
Paul Hesse.

Juillet-oct. 1829.. — MM. Seligman Michel, G. R. Ancien.
Michel Goudchaux, Président[3],
B. Allégri,
Dr Cahen,
Paul Hesse.

7 octobre 1829... — Mort de Seligman Michel, G. R. Ancien.

3 avril 1830..... — Installation de M. Marchand Ennery, G. R. de Paris.

10 août 1831..... — MM. Marchand Ennery, G. R.,
Dr Cahen, Président en 1832,
B. Allégri,
J. Bernheim[4],
Paul Hesse.

1er septemb. 1835. — MM. Marchand Ennery, G. R.,
Dr Cahen, Président,
B. Allégri,
J. Bernheim,
S.-M. Dalmbert[5].

7 décembre 1837. — MM. Marchand Ennery, G. R.,
Dr Cahen, Président,
Allégri,
S.-M. Dalmbert,
Edmond Halphen[6].

[1] Élu en remplacement de M. J.-M. Hatzfeld, démissionnaire.
[2] — — Baruch Weill, décédé.
[3] — — Javal jeune, démissionnaire.
[4] — — M. Michel Goudchaux, nommé payeur général du Bas-Rhin.
[5] Élu en remplacement de M. Paul Hesse, non réélu.
[6] — — J. Bernheim, démissionnaire.

10 septembre 1839. — MM. Marchand Ennery, G. R.,
Dr Cahen, Président,
Allégri,
P. Anspach [1],
Edmond Halphen.

4 mai 1843........ — MM. Marchand Ennery, G. R.,
Dr Cahen, Président,
Allégri,
Edmond Halphen,
Dr Michel Lévy [2].

15 novembre 1845. — MM. Marchand Ennery, G. R.,
Dr Cahen, Président,
Allégri,
O. Dupont [3],
Edmond Halphen.

M. Marchand Ennery, nommé Grand Rabbin de France, est installé le 30 novembre 1846.

M. Lazare Isidor, est nommé Grand Rabbin de Paris, le 9-10 novembre 1847.

9 novembre 1847. — MM. L. Isidor, G. R.,
Dr Cahen, Président,
Allégri,
Dupont,
Léopold Halphen [4].

11 août 1850...... — MM. L. Isidor, G. R.,
Dr Cahen, Président,
Hayem Bloch,
O. Dupont,

[1] Élu en remplacement de S.-M. Dalmbert, non réélu.
[2] Élu en remplacement de M. Anspach, nommé membre du Consistoire central.
[3] Élu en remplacement de M. Michel Lévy, non réélu.
[4] — — Edmond Halphen, décédé.

MM. Gustave Halphen,
Ad. Israël,
N. Sciama[1].

16 juin 1852. — M. Gustave Halphen, Président, en remplacement de M. le Dr Cahen, démissionnaire.

26 décembre 1852. — MM. L. Isidor, Grand Rabbin,
Gustave Halphen, Président[2],
Allégri,
Hayem Bloch[2],
O. Dupont[2],
Adolphe Israël,
Baron Gustave de Rothschild.

14 décembre 1856. — MM. L. Isidor, G. R.,
Gustave Halphen, Président,
Allégri,
Hayem Bloch,
Adolphe Israël,
Émile Oulman[3],
Baron Gustave de Rothschild.

20 décembre 1857[4]. — MM. Isidor, G. R.,
Michel Aicau,
Hayem Bloch,
Cohen (Joseph),
Israël (Adolphe),
Émile Oulman,
Baron Gustave de Rothschild.

[1] Par décret en date du 15 juin 1860, le nombre des membres laïques du Consistoire fut porté à *six*.

[2] Réélus le 17 octobre — 15 décembre 1854.

[3] Élu en remplacement de M. O. Dupont, décédé.

[4] M. Gustave Halphen, démissionnaire en janvier 1857.

14 novembre 1858. — MM. Isidor, G. R.,
Baron G. de Rothschild, Président,
Michel Alcan,
Hayem Bloch,
Joseph Cohen,
Adolphe Israël,
Émile Oulman.

18 novembre 1860. — MM. Isidor, G. R.,
Baron G. de Rothschild, Président,
Michel Alcan,
Jules Carvallo[1],
Joseph Cohen,
Adolphe Israël,
Émile Oulman.

18 janvier 1863[2]. — MM. Isidor, G. R.,
Baron G. de Rothschild, Président,
Michel Alcan,
Jules Carvallo,
Abraham Créhange,
Gustave Halphen,
Adolphe Israël.

17 décembre 1865. — MM. Isidor, G. R.,
Baron G. de Rothschild, Président,
Joseph Cohen[3],

[1] Élu en remplacement de M. Hayem Bloch, décédé.

[2] Le décret du 29 août 1862 modifiait les principes qui avaient présidé, depuis 1848, à l'élection des Consistoires ; le Consistoire de Paris crut devoir se soumettre tout entier à une réélection.

[3] M. Joseph Cohen fût élu en remplacement de M. Alcan, nommé au Consistoire central.

MM. Abraham Créhange,
Gustave Halphen,
Adolphe Israël,
Victor Saint-Paul [1].

M. Isidor, est nommé Grand Rabbin de France en novembre 1866.

26 janvier 1868........ — MM. Baron Gustave de Rothschild, Président,
Abraham Créhange,
Michel Erlanger,
Gustave Halphen,
Lazare Lévy-Bing,
Joseph Raynal [2].

19 octobre 1868. — M. Zadoc Kahn, Rabbin adjoint, est nommé Grand Rabbin de Paris.

2 février-16 mars 1873. — MM. Z. Kahn, G. R.,
Baron G. de Rothschild, Président,
Abraham Créhange,
Edmond Delvaille.
Joseph Derenbourg,
Michel Erlanger,
Narcisse Leven [3].

[1] M. Saint-Paul remplaça M. Carvallo.

[2] Des élections avaient été faites le 17 mars 1867 pour procéder au renouvellement partiel du Consistoire; mais à la suite de la nomination de M. Carvallo, le Consistoire tout entier avait donné sa démission.

[3] Par suite du décret en date du 12 septembre 1872, modifiant les principes de l'élection, le Consistoire avait décidé de se représenter tout entier. Puis les quatre membres anciens, MM. de Rothschild, Créhange, Erlanger et Lévy-Bing donnèrent leur démission pour que l'un d'entre eux pût faire place à un membre du rite portugais. — M. Delvaille fut élu en remplacement de M. Lévy-Bing.

10 décembre 1876. — 7 janvier 1877 :
MM. Zadoc Kahn, G. R.,
Baron Gustave de Rothschild, Président,
Bloch (Alphonse),
Delvaille (Edmond),
Erlanger (Michel),
Hauser (Simon),
Leven (Narcisse)[1].

7-21 décembre 1879. — M. Saint-Paul (Victor), élu en remplacement de M. Delvaille, décédé.

5-19 décembre 1880. — MM. Zadoc Kahn, G. R.,
Baron Gustave de Rothschild, Président.,
Alphonse Bloch,
Michel Erlanger,
Simon Hauser,
Narcisse Leven,
Victor Saint-Paul.

Liste des membres qui ont fait partie du COMITÉ DE L'ÉCOLE DES GARÇONS *depuis sa création jusqu'en 1830*[2] *avec la date de leur nomination.*

Avril 1819........ — MM. Chevalier de Cologna,
Cerf-Berr (Alphonse),
Dalmbert (Mathis),

[1] M. Créhange était démissionnaire et M. Derenbourg ne fut pas réélu.

[2] Dès que le Comité cantonal fut organisé la nomination de ses membres appartint au maire de l'arrondissement.

MM. Hatzfeld (J.-M.),
Lecerf (Julien),
Picard,
Singer,
Terquem,
Weill (Baruch).

Juillet 1820. — MM. Berr (Michel),
Docteur Cahen,
Halévy (Élie),
Javal jeune,
Lazard (Jacob),
Maas (Mirtil),
Mévil (Eugène),
Silveira (Jacob).

Septemb. 1820. — M. Zacharie (Manuel).

Janvier 1821. — MM. Polak (Daniel),
Wittersheim (Hippolyte).

Avril 1821. — MM. Furtado.
Hesse (Paul).

Juin 1821. — MM. Daninos,
Mayer (Daniel), avocat,
Sciama.

Janvier 1822. — MM. Bernheim (Jacques),
Weill (Cerf).

Mars 1822.... — M. Cerf Oulmann.

Novemb. 1822. — M. Brandon fils.

Novemb. 1823. — MM. Bechamin (J.),
Lindos (Philippe).

Avril 1824. — MM. Daniel (Léon),
David (Joseph),
Halphen (Edmond),
Lévi (Myrtil).

Juin 1824........ — M. Allégri (Bénédict).

Août 1824...... — MM. Lecerf (Léon),
Simon (Philippe).

Décembre 1824... — M. Patto (Binjamin).

Juin 1825...... — MM. Javal (Léon),
Manuel (Eiman).

Octobre 1825..... — M. Tréfousse (L.).

Avril 1826....... — M. Berr-Polack, fils.

Août 1826........ — M. Michel Goudchaux.

Novembre 1826... — M. Lovy (Jules).

Avril 1827........ — M. Vidal-Naquet.

Janvier 1828...... — M. Deutz (Manuel), G. R. du Consistoire central.

Septembre 1828. — MM. Goudchaux (Lippmann).

Janvier 1829.... — MM. Daninos fils (M.),
Eymerique (Maurice),
Reynal,
Weill aîné (G. Baruch),
Wertheimber (D.).

Avril 1829..... — MM. Azevedo,
Berech (E.).

Septembre 1829. — MM. Bolviller,
Cerf (Abraham).

Octobre 1829...... — M. Buding.

Décembre 1829..... — M. Mayer (Nathan).

Mai 1830 .... — M. Dalsace.

Juillet 1830...... — M. Marchand Ennery, G. R.

Liste des dames ayant fait partie de la RÉUNION DES DAMES PROTECTRICES *de l'école des filles depuis sa création jusqu'en 1832 (avec la date de leur nomination.)*

Septembre 1821. — MMes Bernheim,
Berr (Michel),
Dalmbert (E.-M.),
Dalmbert (S.-M.),
Furtado,
Halphen la jeune,
Javal aînée,
Mayer (Léon), née Hatzfeld,
Meyer (Jacques-Gustave),
Meyer (Laurent),
Michel (Abraham),
Rodrigues (Benjamin),
Simon (Philippe),
Singer,
Weill (Baruch).

Novembre 1821. — Mmes Déron,
Lévy (Simon Roulingen),
Patto (Benjamin).

Décembre 1821.. — Mme Javal jeune.

Juin 1821....... — Mmes Lévy-Guntzberger,
Oulman.

Septembre 1822. — Mme Javal (Caroline).

Mai 1823........ — Mmes Fould (Benoit),
Valentin.

Octobre 1823.... — Mme Salom (Esther).

Décembre 1823.. — Mmes Patto (Benjamin),
Mayer-Bing.

Novembre 1824. — Mme Haber.

Juin 1825....... — Mmes Allégri,
Cahen, née Alkan,
Javal (J.), née Mayer-Bing,
Lecerf (Julien).

Décembre 1826. — Mmes Halphen (Edmond),
Hesse,
Ve Lan (Léon).

Janvier 1827. — Mme Ve Joseph.

Février 1827... — Mme Vieyra Molina, née Rodrigues (A.).

Novembre 1828. — Mmes Crémieux (Adolphe),
Marx,
Mayer (Abraham),
Moyse (Léon).

Janvier 1829... — Mme Berncastel.

Novembre 1829. — Mme Berr (Michel).

Décembre 1829. — Mmes Brandon,
Cerfberr (Max).

Novembre 1830. — Mmes Cerfberr (Alphonse),
Fould (Louis),
Lévy (M.).

Novembre 1832[1]. — Mmes Abraham (Jacob),
Hesse jeune,
Salom (Maurice), née Patto.

[1] A compter de ce moment les dames sont nommées par le Comité cantonal et ne figurent plus sur les registres consistoriaux.

LISTE contenant les noms, prénoms, professions et demeures des parents et tuteurs qui ont fait inscrire leurs enfants au registre du Comité de la Société d'encouragement et de secours, pour être admis gratuitement à l'école de première instruction religieuse, qui sera établie par ordre du Consistoire israélite dans la ville de Paris, accompagnée des noms, prénoms, âges et certificats de vaccination des dits jeunes gens.

	NOMS ET PRÉNOMS DES PARENTS	PROFESSIONS	DEMEURES	NOMS ET PRÉNOMS DES ENFANTS	AGES	OBSERVATIONS
1	Moyse Simon.	Colporteur.	Rue Beaubourg, 32.	Simon Simon.	8 ans 1/2.	Vacciné.
2	Moyse Charles.	id.	Rue Saint-Martin, 71.	Charles Moyse.	9 ans 1/2.	id.
3	id.	id.	id.	Michel Moyse,	7 ans 1/2.	id.
4	id.	id.	id.	Jacob Moyse.	6 ans.	id.
5	Veuve Aaron Sintzheim Patigué.	Sans profession.	Rue Pierre-au-Lard, 6.	Charles Aaron Patigué.	11 ans.	Petites véroles naturelles.
6	id.	id.	id.	Jacob Aaron Patigué.	5 ans 1/2.	id.
7	Elie Lion.	Samas.	Rue des Petits-Champs, 15.	Mayer Lion.	6 ans.	id.
8	Veuve Samuel Joseph.	Mde à la toilette.	Rue Beaubourg, 63.	Abraham Samuel.	9 ans 1/2.	id.
9	id.	id.	id.	Salomon Samuel.	8 ans 1/2.	Vacciné.
10	id.	id.	id.	Spire Samuel,	6 ans.	id.
11	Elie Marx.	Colporteur.	Rue Beaubourg, 63.	Isaac Félix Marx.	9 ans.	Petites véroles naturelles.
12	id.	id.	id.	Mayer Marx.	7 ans.	id.
13	id.	id.	id.	Gabriel Marx.	5 ans 1/2.	id.
14	David Levy.	id.	id.	Michel Levy.	8 ans 1/2.	Vacciné.
15	Bernard Chailly.	Md de lunettes.	Rue des Blancs-Manteaux, 1.	Mayer Bernard.	10 ans 1/2.	Petites véroles naturelles.
16	Salomon Levy.	Colporteur.	Rue Saint-Jacques, 27.	Mardoché Levy.	11 ans.	id.
17	Veuve Joseph Isaac,	Sans profession.	Rue de la Courroirie.	Marx Joseph.	11 ans.	Vacciné.
18	Bernard Chailly.	Md de lunettes.	Rue des Blancs-Manteaux, 1.	Chailly Bernard.	6 ans 1/2.	Petites véroles naturelles.
19	Abraham Lazard.	Colporteur.	Rue de la Courroirie.	Lazard Abraham.	11 ans.	id.
20	Louis Jacob.	id.	id.	Joseph Jacob.	6 ans.	id.
21	Abraham Lion.	Boutonier.	Rue de la Courroirie, 15.	Isaac Lion.	8 ans.	Vacciné.
22	id.	id.	id.	Bernard Lion.	6 ans.	id.
23	David Aaron (tuteur).	Colporteur.	Rue Beaubourg, 51.	Philippe, fils de Joseph Polack.	10 ans.	id.
24	Isaac Hourwitz.	Samas.	Rue Saint-Avoye, 47.	Elie Hourwitz.	11 ans.	Petites véroles naturelles.
25	Veuve Lion Samas,	Sans profession.	Rue de la Verrerie, 6.	Jonas Lion.	6 ans.	id.
26	Cerf Isaac.	Md de lunettes.	Rue Saint-Antoine, 21.	Isaac Cerf.	7 ans.	id.
27	Zodeck Isaac.	Colporteur.	Rue Grenier-Saint-Lazare, 19.	Salomon Isaac.	8 ans 1/2.	Vacciné.
28	Lion Franc.	שׂוֹחֵט	Rue Saint-Martin, 76.	Moïse Franc.	7 ans.	id.
29	Raphael Cahen.	Journalier,	Rue des Petits-Champs, 11.	Moïse Cahen.	6 ans.	id.
30	Goudcheaux Blum.	Colporteur.	Rue des Petits-Champs, 2.	Rachmiel Blum.	10 ans 1/2.	Petites véroles naturelles.
31	Moïse Herlsheim.	Colporteur.	Rue des Vertus, 7.	Samuel Herlsheim.	6 ans 1/2.	id.
32	Salomon Bachara.	Sans profession.	Rue du Praque, 7.	Armand Bachara.	6 ans 1/2.	id.
33	Jacob Cahen.	Instituteur.	Rue des Petits-Champs, 2.	Benjamin Cahen.	7 ans 1/2.	Vacciné.
34	Isaac Ris.	Colporteur.	Rue Maubuée, 25.	Salomon Ris.	10 ans 1/2.	Petites véroles naturelles.
35	Elie Rouffe.	Colporteur.	Rue Geoffroi-Langevin, 15.	Lion Rouff.	10 ans.	id.
36	id.	id.	id.	Samuel Rouff.	7 ans.	Vacciné.
37	Jacob Mayer.	Chantre.	Rue des Quatre-Fils, 17.	Maurice Mayer.	10 ans 1/2.	Petites véroles naturelles.
38	id.	id.	id.	Hayem Mayer.	9 ans.	id.
39	Aaron Salomon.	Colporteur.	Rue Beaubourg, 60.	Moyse Salomon.	7 ans 1/2.	id.
40	id.	id.	id.	Abraham Salomon.	6 ans.	id.
41	Moïse Mardoché.	Md de lunettes.	Rue Michel-le-Comte, 25.	Isaac Mayer.	8 ans.	id.
42	id.	id.	id.	Joseph Mayer.	6 ans.	id.
43	Lisbonne Isaac.	Colporteur.	Rue Saint-Denis, 35.	Auguste Lisbonne.	8 ans.	id.
44	Isaac Rodrigue.	id.	Rue de la Harpe, 10.	David Adolphe Rodrigue.	11 ans.	id.
45	Salomon Werth.	Journalier.	Rue du Coq, 7.	Gabriel Werth.	9 ans.	id.
46	Samuel Abraham.	Graveur.	Rue de la Tannerie.	Israël Abraham.	7 ans.	id.
47	Salomon Werth.	Journalier.	Rue du Coq, 7.	Nathan Werth.	6 ans.	id.
48	Goudcheaux Franc.	Colporteur.	Rue Saint-Martin, 88.	Alexandre Franc.	10 ans.	id.
49	id.	id.	id.	Mayer Franc.	8 ans.	id.
50	Isaac Jonas.	Md de lunettes.	Rue de la Tixerandrie, 61.	David Jonas.	6 ans.	Vacciné.

DE COLOGNA, CHEV^r, G. R.; EMANUEL DEUTZ, G. R.; J. HATZFELD.

PREMIÈRE LISTE DES BIENFAITEURS DE L'ÉCOLE

1819-1820.

	fr.
M. Salomon Halphen......	150
Simon-Mayer Dalmbert..	300
Consistoire départemental	2000
M. Worms de Romilly......	200
Deutz, pour un anonyme.	50
King, de Londres, par l'entremise de M. de Cologna	40
MM. Falk et Prince, par l'entremise de M. Halphen.	100
MM. Treyfous et Dupont, par l'entremise de M. Picard	20
M. Aron Joseph, de Londres, par l'entremise de M. de Cologna	20
Fould................	300
Valentin	100
MM. Javal frères.........	300
M. Auguste Mevil	20
Salomon Halphen......	150
Calmer...............	100
Freund Jacob..........	25
Aaron Schmoll.........	50
Joseph Allemand......	20
Jacob Lazard	50
MM. Bernheim frères	10
M. Worms de Romilly.....	100
Joseph (changeur)......	20
M. Hartog...............	10
Rodrigues fils	40
Hatzfeld	40
Emanuel Dalmbert.....	40
Michel-Lazard Cascarie.	5
Singer	100
Friedlander (doct. médec.)	40
Vieyra Molina.........	50
Haber	100
Moïse	10
Mayer-Bing...........	10
Levy Güntzberger......	15
Alkan	20
Michel Cahen.........	10
Léon Lan.............	50
Oulman aîné..........	20
Goudchaux-Halphen....	10
Mayer L. Dalmbert père.	20
Baruch Weil..........	50
Daninos..............	10
Sciama...............	15
MM. Colm (?) frères......	50
M. Feichel	10
Naquet	15
Cavaillon............	20
Edouard Halphen......	20
Philippe Simon........	14
Lazard Dreyfous.......	5
Mayer Dantzik........	5
Lecerf	25
Mayer Picard	20

TABLE DES NOMS CITÉS DANS CE VOLUME

A

B

C

TABLE DES INSTITUTIONS

ÉTABLISSEMENTS OU FONDATIONS DE LA COMMUNAUTÉ

DONT CET OUVRAGE FAIT MENTION

TABLE DES MATIÈRES

APPENDICE.

VERSAILLES, IMPRIMERIE CERF ET FILS, RUE DUPLESSIS, 59.

www.ingramcontent.com/pod-product-compliance
Ingram Content Group UK Ltd.
Pitfield, Milton Keynes, MK11 3LW, UK
UKHW021003230726
13924UKWH00009B/1590

9 782019 211868